Serie Bianca Feltrinelli

NOI NON RESTIAMO A GUARDARE

MEDICI SENZA FRONTIERE NEL MONDO. LETTERE E TESTIMONIANZE

PREFAZIONE DI DACIA MARAINI

Prima edizione in "Serie Bianca" novembre 2012

Stampa Grafica Veneta S.p.A. di Trebaseleghe - PD

ISBN 978-88-07-17242-7

FSC
www.fsc.org
MISTO
Carta
da fonti gestite in
maniera responsabile
FSC® C023419

Grazie a chi ci ha inviato la sua testimonianza.
Grazie a chi che non ha avuto il tempo di scriverla, ma avrebbe voluto.
Grazie a chi vorrà continuare a far conoscere le crisi dimenticate.
Un grazie particolare agli scrittori che hanno contribuito con pensieri, parole e passione a questo progetto.

Noi non restiamo a guardare

Nota introduttiva

Konstantinos Moschochoritis
direttore generale Medici Senza Frontiere Italia

L'idea di questo libro nasce dall'umanità e dalla generosità di quegli operatori di Medici Senza Frontiere (MSF) che hanno voluto mettere a nudo gli aspetti più intimi, veri e controversi delle loro esperienze.

Abbiamo voluto dispiegare le nostre capacità persuasive per convincere gli operatori umanitari a "regalarci" i loro scritti più autentici, più intimi. Terribili, simpatici, belli, forti, disarmanti, critici, sono stati conservati come traccia e come prova dell'esperienza umana di chi ha deciso di dedicare parte della propria vita a soccorrere le popolazioni in pericolo. Queste lettere raccontano storie quotidiane che si svolgono in luoghi lontani e troppo spesso dimenticati. È una vasta cronaca di sentimenti ed emozioni da luoghi remoti, da mondi al limite.

Sono storie di donne e uomini che scelgono, alcune volte anche pervasi da dubbi, di mettere la propria professionalità al servizio di chi è costretto a lottare ogni giorno per la propria sopravvivenza, facendo del mondo un luogo più dignitoso in cui vivere. Sono brani di lettere che i nostri operatori hanno scritto ad amici e parenti, in momenti spesso difficili. Impressioni ed emozioni raccolte in una sorta di diario intimo, per condividere momenti, gesti, paure, indignazione, stupore che vanno al di là della retorica che spesso aleggia intorno al lavoro delle organizzazioni non governative. Non si tratta né di eroi né di angeli in camice bianco, né tantomeno di commentatori di crisi dell'altro mondo.

Al di là dei grandi dibattiti di geopolitica, sul cinismo degli stati o dell'universalità dell'azione umanitaria, i nostri operatori sanno che la loro scelta li porta a essere degli osservatori privilegiati. Come disse Carlo Urbani,* essi sono "osservatori privilegiati, che possono vedere l'orrore di fatti ed eventi che fanno della dignità umana un sanguinante, misero fardello. E poi raccontare, urlare le privazioni dei diseredati, la lontananza degli esclusi, indicare in abusi e violenze i veri terremoti contro cui è realmente difficile, se non impossibile, costruire argini o rifugi".

Le loro storie, le loro esperienze, i loro racconti rappresentano, al meglio, l'essenza e la storia di Medici Senza Frontiere. Rappresentano al meglio quel valore di testimonianza, morale e umana, che ha sempre contraddistinto l'azione di MSF.

Oltre quaranta testimonianze dal terremoto che ha sconvolto Haiti alla guerra in Libia, dagli sbarchi a Lampedusa al conflitto in Siria, dal Malawi flagellato dall'Aids al Darfur (Sudan), dalle baraccopoli del Bangladesh all'Afghanistan, dalle campagne di vaccinazione in Sud Sudan all'inferno di Dadaab (Kenya), il più grande campo rifugiati al mondo.

Come ospiti speciali di questo diario dalle zone di crisi, abbiamo avuto il privilegio e l'onore di avere

* Carlo Urbani, medico specializzato in malattie infettive e tropicali, è stato presidente di MSF Italia e ha fatto parte della delegazione che ha ritirato il premio Nobel per la Pace nel 1999. Fu la prima persona a identificare e classificare la Sindrome respiratoria acuta severa (SARS). Muore il 29 marzo 2003 dopo aver contratto la malattia che aveva scoperto. Con Feltrinelli nel 2004 esce a suo nome il libro *Le malattie dimenticate*, una raccolta di suoi scritti.

scrittori che hanno voluto raccontare i Medici Senza Frontiere visti da loro.

Questa corrispondenza, raccolta nel tempo, così speciale e così unica dimostra che alla fine non c'è vita senza memoria e confidiamo che, leggendo queste pagine, anche voi sarete al nostro fianco nella quotidiana lotta all'indifferenza.

Prefazione

Dacia Maraini

"La giornata è finita. Non c'è elettricità non c'è acqua. Sto leggendo un libro, l'incipit recita:

Se sei felice
l'unica cosa che ti manca
è la felicità altrui.

Ma come si fa a soddisfare la felicità altrui?" si domanda Daniela Oberti, infermiera, da Gibuti.

"Vorrei risolvere tutti i piccoli problemi che incontro ogni giorno e invece mi sento incapace e frustrata.

Vorrei dire di sì a quel padre che mi chiede con gli occhi lucidi di voler lavorare per Medici Senza Frontiere, a quella mamma incinta che mi chiede di poter entrare anche lei nel programma di malnutrizione perché non può comprarsi da mangiare, a quegli uomini scarni e mezzi nudi che chiedono l'elemosina per la strada.

Ma anche se rispondessi sempre positivamente, quante altre persone ci sono a cui bisognerebbe dare un aiuto?"

Ecco questo è un tema forte, che si trova spesso nei racconti di questi coraggiosi professionisti che partono per l'Africa, per l'Oriente, per l'est Europa, con i programmi di Medici Senza Frontiere. Un senso di impotenza di fronte ai bambini che muoiono per mancanza delle più elementari medicine, di fronte ai tantissimi feriti delle guerre intestine, di fronte alle donne che partoriscono precocemente, per malnutrizione, dei figli che sono destinati ad ammalarsi appena verranno svezzati. Cosa fare e come fare?

Ma presto scopriranno che non c'è tempo per le risposte. L'azione sopravanza e supera ogni pensiero, ogni riflessione. La necessità di agire, di aiutare quel bambino lì, in quel momento lì, a respirare, è più forte di ogni dubbio. Anche se poi si troverà fra le braccia un cadaverino, perché nel frattempo l'energia elettrica è finita e la macchina dell'ossigeno si è consumata.

È semplicemente "tutto troppo"? come scrive Laura Nicolai dal Kenya "non riuscendo a percepire il limite, i confini, gli spazi, le dinamiche, nonostante la popolazione ci abbia accolto e voluto bene e anche protetto, per quanto possibile"? Il sentimento di estraneità domina a volte questi giovani volenterosi: "saremo in grado di migliorare lo stato di salute delle persone, di salvare dei bambini che a volte convivranno per sempre con le conseguenze di una malnutrizione acuta contratta prima di raggiungere i cinque anni, saremo in grado di insegnare le nozioni basiche di igiene a famiglie che camminano a volte anche quaranta giorni prima di raggiungere uno spazio di terra talmente angusto da rischiare di bruciarsi con il fuoco del vicino," continua Laura Nicolai accorata, "ma forse non riusciremo mai a penetrare il mistero delle loro esistenze, non sapremo mai con esattezza cosa vuol dire vivere in guerra per vent'anni o nascere e crescere nel campo rifugiati più grande del mondo, dal quale non si scappa, non si esce in cerca di un futuro."

Eppure chi si fa queste domande è già dentro quel mondo, lo subisce, lo interpreta, lo esprime. Coloro che parlano in queste pagine con sincerità disarmante e generosa, sono uomini e donne capaci di lavorare dodici ore al giorno, compresa la domenica "sotto i quaranta gradi impietosi del deserto". Uomini e donne che non si risparmiano mai, che danno il meglio di sé fino a sfinirsi. Ma che pure, la sera, sentono il bisogno di riunirsi, di ridere insieme, di scrivere lettere davanti a una tavola su cui viene servito "solo riso bollito e patate".

"Mi piacerebbe semplicemente trovare la chiave per chiudere i rubinetti di una guerra senza vincitori e con troppi vinti e porre fine a questo flusso di esseri umani stanchi, denutriti, spaventati, che nonostante tutto quello che hanno dovuto affrontare mostrano un'innegabile dignità e forza."

Ecco un altro tema: la sorpresa di fronte alla tenuta di questa gente che vive in condizioni decisamente inferiori a qualsiasi standard europeo di sopravvivenza, eppure fa la fila con pazienza per un pugno di riso, non pretende, non insulta, non aggredisce come ci si potrebbe aspettare, ma è capace di sorprendente altruismo, di inaspettata gentilezza. E sorride all'amica ginecologa che ha fatto partorire una ragazza al buio, con la sola luce di un cellulare, a cui per ringraziare porta in dono due minuscole uova trasparenti. Persino le galline patiscono la fame in Africa e le loro uova sono piccole e pallide.

"Ho visto cose che voi umani non potete immaginare," scrive Claudio Tommasini dall'India: "uomini che per trecento rupie (due euro) al giorno spaccano pietre con un martello per fare pietrisco perché costa meno che comperarlo, donne che portano su per la montagna gerle che pesano il doppio del loro peso", bambini che muoiono per scarlattina o per tifo, tutte malattie da noi facilmente curabili.

Di fronte all'indicibile, di fronte a ciò che nessun europeo, abituato al frigorifero pieno, all'energia sempre disponibile, all'acqua in casa, all'aria condizionata, può intendere, come comportarsi?

Molti suggeriscono, dal di fuori, una fuga giustificata. Cosa ci stai a fare laggiù in mezzo a tanti pericoli, pretendendo di svuotare il mare con un cucchiaino? Tornatene a casa!

Ma i nostri "operatori sul campo", così li chiama la burocrazia, non ci pensano nemmeno. Le loro lettere sincere, che a volte mostrano, è vero, la stanchezza, il senso di impotenza di fronte ai compiti immani e alle difficoltà che si moltiplicano, non si rivelano però affatto arrese, né scoraggiate né ciniche. Al contrario, sono piene di vita e di pensiero.

"L'esperienza con MSF," scrive sempre Tommasini "mi ha messo di nuovo in discussione e mi ha fatto ricominciare con nuovi amici che spesso cambiano, come cambiano gli operatori, ma che non si fermano mai, così come la vita che sino alla fine è una scoperta e una sorpresa continua."

"La ragazzina ha sedici anni, ed è rimasta incinta dopo una violenza sessuale", racconta l'antropologa Maria Cristina Manca dal Guatemala. "Durante il suo secondo sequestro ha deciso di tenere la bambina e di accettare l'aiuto dei genitori per crescerla e il sostegno di una delle psicologhe di MSF." Ma la tristezza e la rabbia della giovane che ha dovuto lasciare la scuola e rinunciare ai suoi progetti, è chiara.

Altro tema che si affaccia spesso nei racconti, tutti terribili, tutti dolorosi, dei volontari di MSF: perché le donne accettano tanta violenza? perché non si rivoltano? perché sembrano ridotte a bestie da soma in tanta parte del mondo? perché le frustrazioni familiari, le volontà di potenza politiche e militari si esprimono quasi sempre in stupri crudeli, ripetuti impunemente da giovani e non giovani sia nei paesi soggetti alle leggi del Corano che alle leggi del nuovo Testamento?

“Non la considerano né una priorità né una emergenza,” cerca di ragionare M. Cristina Manca, “perché vivendo in un contesto così rischioso, il problema principale è perdere la vita o impoverirsi ancora di più, perché la maggior parte delle violenze avvengono in ambito familiare e le donne non hanno la forza (economica, sociale, emozionale) per rispondere e i giochi di potere del compagno e della suocera le schiacciano, perché se la violenza è avvenuta per la strada può esserci di mezzo una *mara* (gang giovanile), oppure il narcotraffico. Le donne hanno paura, paura che possa succedere qualcosa di molto peggio di una violenza sessuale: una vendetta verso qualche membro della famiglia che potrebbe essere torturato e ucciso, la perdita dei figli rapiti o ammazzati, paura di non essere creduta e cacciata di casa.”

“Shakespeare scriveva nel *Macbeth*: ‘Date parole al dolore: il dolore che non parla bisbiglia al cuore sovraccarico e gli ordina di spezzarsi’,” scrive Daniela Rossini Oliva, psicologa, da una zona depressa del nostro Sud, la zona di Rosarno.

“Quando mi hanno proposto questo lavoro con gli immigrati che arrivano in Calabria per la raccolta invernale dei mandarini e delle arance, ho pensato potesse essere più semplice di altre missioni, se non altro perché in territorio italiano” continua Daniela.

Ma presto dovrà ricredersi. Gli uomini con cui avrà a che fare sono in maggior parte “clandestini”. E vivono in condizioni disperate, ammassati l’uno sull’altro in baracche improvvisate, spesso di cartone e lamiere racimolate nei cassonetti, senza gabinetti, bagni o docce, senza cucina per scaldarsi un poco di tè. “Usano cose che noi scartiamo, ma che lì, nelle loro finte case, assumono una importanza enorme.”

Come è possibile che tutto questo accada in uno dei paesi più avanzati del mondo, in una nazione che vanta industrie all'avanguardia, una organizzazione sindacale fra le più agguerrite, un sistema legale che protegge i lavoratori? Sono situazioni troppo simili alle periferie di città come Lagos, come Abidjan, come è possibile?

Daniela Rossini Oliva lo capisce quando viene a sapere che il Comune di Rosarno è stato sciolto per mafia e il sindaco è stato arrestato. Incredibile che uno dei grandi paesi europei non sia capace di vincere in casa propria la criminalità organizzata che vive sulla immigrazione clandestina, sul lavoro nero, sul traffico di droga e di rifiuti.

"Non so cosa vi abbia insegnato io, ma so cosa mi avete insegnato voi", scrive in una bella lettera Giordano Ruini, educatore.

"Ho imparato che per un immigrato provare a entrare in Italia per vie legali è impossibile, ma non lo è per vie impervie e mettendo a rischio la propria vita. Ho imparato che dal Pakistan devi rivolgerti ai trafficanti, viaggiare sempre di notte in bus per non farti beccare, attraversare l'Iran, la Turchia, la Grecia, per poi arrivare a Patrasso ed essere stipato in un container, dove resti senza bere e mangiare per trentasei ore, prima di vedere la luce del sole ad Ancona. Ho imparato che in Nigeria le guerre di religione tra cristiani e musulmani sono folli e disumane, e che la pace e la giustizia sono ancora lontane. Ho imparato che il deserto del Sahara, ancora prima del Mediterraneo, è pieno di morti che hanno concluso lì i loro viaggi disperati."

L'elenco delle cose che ha imparato l'educatore Giordano Ruini è lungo e doloroso. Ma questo carico di esperienza faticoso e umiliante non ha suscitato in lui sconforto e voglia di voltare le spalle, al contrario, lo ha portato a rimboccarsi le maniche in fretta e provare a fare qualcosa. Anche una piccola azione, lo si impara compiendola, può avere una grande importanza per coloro che ne sono coinvolti.

"Conoscere le cose è importante: torture, morti in mare, guerre; avere informazioni da lontano è utile, ma la vera conoscenza passa dal cuore, dall'incontro reale, dal tatto, dai sensi, dalla carne, dall'emozione."

Come dire che la vera consapevolezza, lo diceva anche Hume tre secoli fa, passa attraverso i sensi. La conoscenza non è un puro fatto cerebrale che mette in moto la logica e il raziocinio, ma un liquido che entra nelle vene e scorre insieme al nostro sangue, si fa respiro del nostro respiro. E questo i giovani di MSF lo sanno. L'hanno imparato, spesso con terribili fatiche e rinunce, ma l'hanno imparato e per questo sono lì sul campo, a lavorare, senza chieder niente in cambio.

"L'Africa insegna a percorrersi dentro, non aiuta a esser felici, ma ti apre gli occhi, ti aiuta a percepire la piccolezza e allo stesso tempo la grandezza incommensurabile dell'essere umano", scrive il logista Francesco Bari dal Malawi. "Nonostante le infinite sofferenze a cui devo assistere tutti i giorni," continua, "ho deciso, io resto! Mi alleno a non stancarmi, mi adatto, stringo i denti nei passaggi veramente difficili, e poi dormo, sogno, sono grato di risvegliarmi per continuare a osservare, non è necessario trarre conclusioni. L'Africa eternamente aspetta, sopporta, soffre nella sua semplicità. E io non potrei mai giudicare, neppure azzardare un'opinione troppo ferrea del perché delle cose."

L'Africa nella sua povertà e pazienza, insegna a chi, come noi, è preso dalla smania della velocità, della paura di perdere tempo, dal feticismo del denaro, che stiamo inseguendo l'impossibile e il superfluo. Che il tempo va vissuto con più meditazione e più tranquillità, meno nevrosi e ambizioni. "Non abbiamo diritto di cambiarli, forse neanche di migliorarli: solo le nostre stupide ambizioni ci portano a credere che siamo migliori."

"So che il mondo non si cambia," scrive l'infermiera Martina Paesani dall'India, citando Margaret Mead, "ma pure i grandi cambiamenti sono cominciati sempre per l'iniziativa di un gruppo di cittadini impegnati e consapevoli... in effetti è solo così che è sempre andata".

"L'appartenenza a MSF mi porta a pensare di avere la possibilità di poter fare qualcosa. Si entra con mondi e stili di vita con aspetti e punti di vista da noi ormai dimenticati. Ma come poterne fare a meno?"

Non ci sono paghe, lussi, soddisfazioni, che valgano il sorriso di un bambino che si è aiutato a guarire.

"Rifletto che dovrei imparare prima di insegnare, così come dovrei capire i feriti da arma da fuoco arrivati all'ospedale dopo tre giorni di cammino dalla Birmania, tre giorni a piedi durante i quali cinque di loro si sono fermati e non sono più ripartiti."

Comprendere è difficile, ma quasi sempre questi coraggiosi italiani (i migliori di noi, i più generosi e intrepidi), finiscono per comprendere, e nel modo più generoso e sincero, quando le loro mani nude e impaurite si fermano su un corpo piagato, sperando con tutte le proprie forze di guarirlo. In quella speranza sta il segreto di una meravigliosa scommessa.

Testimonianze

L'Italia che si dà da fare

Daria Bignardi

Ettore è infermiere, pesa oltre un quintale, la prima volta che l'hanno mandato in missione per un'emergenza di malnutrizione in Angola temeva che se lo mangiassero vivo. Stella ha trentacinque anni, è infettivologa, voleva fare il medico di MSF da quando era bambina. Loris è scappato da un destino segnato e fuggendo da sé ha scoperto gli altri. Sono rimasta sorpresa al Festival Internazionale di Ferrara, incontrando Loris De Filippi, Stella Egidi ed Ettore Mazzanti, testa cuore e anima di Medici Senza Frontiere. Uno dice MSF e immagina bionde infermiere svedesi che imboccano bambini scheletrici, medici francesi arruffati, figure mitiche e irraggiungibili di eroi, invece a Ferrara ho incontrato tre persone normali, ironiche, scanzonate, che raccontano senza un grammo di retorica o autocompiacimento la quotidianità faticosa di una vita dedicata a chi soffre la fame, la guerra, le malattie, in ogni parte del mondo.

Ti dicono con un sorriso mai fanatico ma spiccio e umano di missioni dove nessun altro voleva andare, di bambini che muoiono per un morbillo, di guerre nelle quali loro parteggiano solo per la vita, cercando di spiegarti una cosa che sembra ovvia ma è fondamentale: per essere utili agli altri non serve essere persone eccezionali, basta saper fare qualcosa, farla bene e continuare a farla con determinazione anche quando è noiosa, frustrante o difficile.

Ti spiegano che oggi l'emergenza non è solo a Mogadiscio o nello Yemen ma anche e soprattutto a due passi da noi, nei centri di Castelvolturno, Lampedusa, Rosarno. Hanno un bel dire di essere soltanto dei professionisti che si rimboccano le maniche: hanno una tale luce negli occhi che è evidente a chiunque gli parli che dedicare la vita agli altri – siano quelli del piano di sotto o dell'altra parte del mondo – ti restituisce con gli interessi quello che ti prende. Gente concreta, che va là dove c'è bisogno, senza chiedersi "con chi sto", finanziata per il novanta per cento da privati, non dai governi. MSF è stata fondata in Francia nel 1971, siamo nel quarantesimo anniversario della fondazione.

Avere la fortuna di sentire, ogni tanto, che intorno a noi non ci sono solo quelli che mugugnano o filosofeggiano o si stracciano le vesti sulle nostre infinite sfighe, ma anche quelli che, senza menarsela troppo, si danno da fare, fa un gran bene.

Si ringrazia "Vanity Fair" per la gentile concessione.

La pillola per Zahira

Silvia Di Natale

Le donne entrano nell'ambulatorio con un fruscio, come se i burqa fossero di carta.

La dottoressa chiude la porta alle loro spalle, le saluta e attende. Sa che hanno bisogno di tempo prima di decidersi a parlare e a sollevare il velo. Sono un po' come gatti selvatici, pensa, che prima di accettare il cibo da te devono abituarsi al tuo odore. Lei è a Quetta da un anno e mezzo e si è ormai abituata al loro. È un odore di panni pesanti, di sudore, di spezie – zenzero e cardamomo – di terra, di latte, un odore pesante ma non del tutto sgradevole, l'odore che si porta addosso chi abita in una casa tirata su con il fango, affollata, dove un solo rubinetto è condiviso da quattro famiglie e l'acqua è scarsa. La dottoressa si chiede spesso come facciano a resistere, eppure parlando con le sue pazienti – per lo più donne dei quartieri di rifugiati afghani alla periferia della città –, ha spesso l'impressione che si sentano benissimo nei loro abiti di velluto pesante che non si tolgono mai, né per andare a letto né per farsi visitare dal medico, e neppure per mettere al mondo i bambini. Vengono per il parto con l'abito di tutti i giorni, senza portare con sé un ricambio – forse neppure lo possiedono; loro, all'ambulatorio, sono costretti ad accettarle come sono e a rimandarle a casa con quegli stessi abiti. Sono altre, qui, le priorità, ci sono cose più importanti delle macchie sul vestito, persino le norme di igiene, viste da qui, sono relative, spesso ridotte ai minimi termini. Se non si è flessibili, qui, non si sopravvive...

Eppure c'è qualcosa che la dottoressa, in questo anno e mezzo di lavoro – tutti i giorni, fino a dieci ore al giorno, anche di domenica quando c'è un parto difficile o una paziente che ha bisogno di lei –, ancora non sopporta ed è che molte donne si ostinino a non togliersi il velo quando lei le visita. Sollevano il burqa giusto quel tanto che le permetta di tastare il ventre. A lei non sembra soltanto assurdo, l'offende, persino, dover visitare le parti intime di una paziente di cui non vede la faccia, le sembra di ridurre la persona che si sottopone alle sue cure all'unica parte che le è dato vedere. Per loro invece, e lei lo sa, è il contrario: non mostrare il viso è un modo di difendere la propria dignità. Lo sa, però le costa fatica accettarlo. Come in quel momento.

Le due donne non sembra abbiano alcuna intenzione di mostrare i loro volti. Se ne stanno davanti a lei in silenzio, due pupazzi protetti da un cappuccio, di color celeste scialbo la figura più bassa, minuta, azzurro più deciso quello dell'altra. È una ragazza giovane, pensa la dottoressa, perciò il burqa è stato sottoposto a meno lavaggi, ma non è solo il colore a far indovinare l'età: la donna o ragazza che c'è sotto il burqa azzurro ha le spalle larghe e forti e sta ben salda sulle gambe, alla maniera delle nomadi. La dottoressa ne ha incontrate tante e sa che quando acconsentono a mostrare il viso si rivelano tutt'altro che timide; a volte ha l'impressione che quel loro celarsi sotto il burqa faccia parte di una cerimonia giocosa.

Le due donne però persistono ostinate in quel gioco muto.

Finalmente da sotto il burqa celeste esce una voce sottile e lamentosa.

La dottoressa riesce a farsi capire, e a capire abbastanza, nella lingua ufficiale del paese, ma questa volta non riesce ad afferrare neppure una parola, a parte il ripetuto Allah! Per fortuna da sotto il burqa azzurro giunge a soccorrerla la traduzione in urdu che però è decisamente più concisa dell'originale:

"Mia zia Zahira dice che è da tanto che sta male".

La dottoressa non fa in tempo a chiedere di che male si tratti: la voce lamentosa ricomincia, accompagnata ora da mani magre, quasi rinsecchite, che sbucano dal burqa e si muovono con un tintinnio di argento. La voce giovane riassume di nuovo:

"Dice che c'è una pillola".

La dottoressa crede di aver capito. Dunque le due donne sono qui per il programma che lei sta cercando di diffondere nei campi rifugiati ed è illustrato nei manifesti appesi alle pareti della clinica. A dire il vero la campagna per la pillola contraccettiva non ha dato finora molti frutti: le poche donne che hanno accettato di farne parte raramente sono in grado di servirsene con regolarità, con risultati prevedibili, quelle poche che vengono da lei sono sempre sotto la tutela del marito; la dottoressa non ricorda di una giovane sposa accompagnata dalla zia. Comunque sia, per vedere chiaro in questa faccenda è indispensabile guardare in faccia chi le sta parlando; non potrebbero per favore scoprirsi il viso?

Le due donne si consultano bisbigliando, poi la giovane alza il burqa facendolo ricadere sulle spalle. Il velo rimane rigonfio sulla testa e fa da cornice a un viso largo, con gli zigomi alti, il naso pronunciato e gli occhi stupendamente verdi. Sulle labbra ombreggiate di scuro vaga un sorriso un po' impacciato, non privo di furbizia.

Lentamente la zia la imita: da sotto il burqa celeste compare un viso tutto pieghettato che sorride mostrando ampie fessure tra i denti. Ora la voce, pur senza smettere il tono lamentevole, è più decisa. Mentre parla, le mani indicano tintinnando il basso ventre.

"Se ha dei dolori devo prima visitarla" dice la dottoressa.

Come tutta risposta, non solo la testa, ma tutta la

persona che le sta davanti viene scossa da un gran tentennamento.

La nipote traduce, anche se è del tutto superfluo: "Mia zia non vuole essere visitata". Lo sguardo che lancia alla dottoressa ha un lampo beffardo, quando aggiunge: "Dice che le devi dare la pillola".

La dottoressa crede di aver capito male: "È per te che la vuole?".

Questa volta è la ragazza a scuotere energicamente la testa. No, la pillola non è per lei. Lei è sposata da un anno e ha già un figlio e di certo ne avrà altri. La pillola è per la zia.

"Quanti anni hai?" domanda la dottoressa rivolta però alla nipote.

Le due donne si consultano brevemente, come se dovessero mettersi d'accordo su un dato insicuro. Alla fine la ragazza annuncia decisa: "Quarantacinque".

È più giovane di me, pensa la dottoressa. È un paragone senza senso, ma ogni volta le sorge spontaneo. Non riesce a capacitarsi che le donne da queste parti invecchino così in fretta. Eppure smettono molto tardi di avere bambini. Logico che a quell'età Zahira non desideri averne altri.

"Quanti figli hai?"

La donna scuote ripetutamente la testa.

"Nessuno" traduce la nipote.

"Se non ne ha mai avuti, come mai teme di averne adesso?" insiste la dottoressa.

Le due donne si consultano di nuovo, poi la giovane riprende a parlare:

"Mia zia Zahira dice che lei non ha avuto figli perché ha sempre avuto quel dolore in basso, però ha sentito dire che tu," indica con il mento la dottoressa, "hai dato una pillola a una donna che aveva la stessa cosa e poi lei ha avuto un figlio".

La dottoressa segue quel discorsetto con crescente stupore. Questa non se l'aspettava proprio! Le stanno chiedendo una pillola per *avere* bambini! La domanda che le esce spontanea ha, senza che lei lo voglia, un tono quasi aggressivo, di cui si pente immediatamente:

"Ma perché alla tua età vuoi ancora dei figli?".

Sul viso affilato di Zahira si dipinge un'espressione di sconforto che fa stringere il cuore. La sua risposta sembra un singhiozzo, ma la nipote non ha difficoltà a tradurre:

"Suo marito le ha detto che non vuole più aspettare, e siccome ha già un'altra moglie, la vuole ripudiare" snocciola senza enfasi.

Questa volta è la dottoressa a guardare prima la giovane, poi la vecchia con aria di sconforto. Non le stanno dicendo tutta la verità. È una storia senza senso. Troppo stupida, troppo ingenua, troppo confusa. Vorrebbe riuscire a far prevalere l'irritazione – le stanno facendo perdere tempo, con tutte le donne che aspettano fuori! Vorrebbe potersi liberare subito di loro. Vorrebbe se non altro spiegare che lei non distribuisce pillole per *avere* bambini! Lei cura le malattie che impediscono di averne, questo sì. Ma all'età di Zahira...

Sta per aprire la bocca, ma incontra i suoi occhi: sono così pieni di sconforto e allo stesso tempo così supplici! Occhi da cane abituato alle botte, pensa la dottoressa, eppure colmi di una fiducia infinita. Non può sfuggire a quegli occhi. Sente che l'irritazione di poco prima si sta trasformando in imbarazzo, poi addirittura in un vago senso di inadeguatezza. Come essere all'altezza di tanta fiducia? Come riuscire a non deludere le aspettative smoderate che ha riposto in lei? Salvarla dall'ignominia di un ripudio! Eppure non può respingerla, anche lei!

"Venga," le dice, "cominciamo intanto a guarire il male che l'affligge."

Senza accorgersene le ha posato la mano sulla schiena – la dottoressa è molto più alta di Zahira che adesso, senza la protezione del velo, sembra ancora più minuta, e la spinge dolcemente, ma con decisione, al lettino dell'ambulatorio.

Barche cariche di storie

Andrej Longo

Quando si comincia a leggere un libro c'è sempre un'aspettativa: approfondire le nostre conoscenze per esempio, oppure cercare parole che facciano nascere nuovi interrogativi, o semplicemente trascorrere due ore in maniera piacevole.

Ma i libri più interessanti, quelli capaci di lasciare un segno profondo e a volte indelebile, sono i libri che ci sorprendono andando al di là delle aspettative, un po' come certe persone che si svelano di colpo mostrando tesori o abissi che non immaginavamo.

È il caso di questa raccolta di lettere.

Che sono barche cariche di storie. Di emozioni. Di domande destinate a restare senza risposte. Di testimonianze che spesso rimarranno l'unico segno di tragedie altrimenti destinate a restare senza voce.

Lettere che arrivano da mondi così lontani e diversi dal nostro, che anche la fantasia dello scrittore più abile avrebbe difficoltà a crearne di simili. Lettere che per un momento ci permettono di gettare uno sguardo dentro inferni così vividi da far apparire banali i nostri crucci quotidiani.

Lettere che dovrebbero essere distribuite nelle scuole, perché i ragazzi hanno il diritto e al tempo stesso il dovere di conoscere le contraddizioni del mondo in cui viviamo.

Lettere che andrebbero pubblicate sui giornali, una al giorno, per tutti i giorni dell'anno, affinché a ognuno di noi sia data la possibilità di spingere lo sguardo verso un orizzonte più ampio di quello a cui siamo abituati, costretti o rassegnati.

Ma in queste lettere, che apparentemente sono solo testimonianze di realtà poco conosciute, spesso ingiuste e dolorose, si annida un tesoro ancor più prezioso.

Sono gli operatori di MSF. Che nei pochi momenti di libertà raccontano, appunto in queste lettere, ciò che vivono e toccano con mano. Lo fanno con semplicità e senza retorica. Con la consapevolezza di non essere supereroi ma persone comuni. Senza mai risparmiarsi o tirarsi indietro davanti alla sofferenza, che combattono con testardaggine quasi infantile, ma al tempo stesso con una professionalità e un entusiasmo che non vengono mai meno. Come non viene mai meno una discrezione quasi sacrale nel loro agire. Che contrasta con la frenesia di tutti i giorni a cui siamo abituati, con il chiasso ostentato dove ognuno si agita con la pretesa di dire qualcosa senza avere niente da dire.

Invece lettera dopo lettera scopriamo d'incanto una piccola moltitudine di uomini e donne che vanno dove c'è bisogno. Che parlano poco e fanno tanto. Senza presunzione. Cercando solo di dare una mano a chi è meno fortunato.

Uomini e donne con le loro paure, i loro dubbi e i loro desideri.

Uomini e donne come tutti noi.

E che per questo diventano lo specchio in cui, almeno per un momento, non possiamo più fare a meno di guardarci.

Il percorso dei fili

Antonio Pascale

Quando mi chiedono cosa fai nella vita, rispondo che sono (anche) uno scrittore. Un intellettuale. Anche io, cioè, ho la fortuna, nel mio piccolo, di partecipare al travagliato processo che dalla conoscenza dovrebbe portare alla formazione delle opinioni. So di avere delle responsabilità. Per quanti sforzi faccia e con tutte le attenzioni che metto per evitare la formazione di "scorie" inquinanti, spesso, a mio modo, ne produco. Basta un'immagine di troppo, o amplificare una categoria, e la reazione produce scorie che intossicano chi scrive e soprattutto chi legge.

Ecco un esempio: dal 25 aprile fino al 1° maggio 2008 sono stato ospite del presidio sanitario di Medici Senza Frontiere, a Rio de Janeiro. Il punto di primo soccorso era situato nel mezzo del complesso di Alemão, la più grande favela di Rio, in mano, ossia proprietà, dei narcotrafficanti. Era una zona blindata. Il mio compito era quello di descrivere le condizioni di vita dei cittadini della favela. Ho elaborato, quindi, un ragionamento: la favela è solo un fortino, all'interno del quale si commercia in droga. Siccome sono in tanti fuori dalla favela a usare droga, se il fortino è sporco, violento, malsano e brutto è solo affinché la merce arrivi pulita sulle tavole dei consumatori.

A un certo punto nella narrazione avevo usato, per

meglio sottolineare il clima cupo della favela, la seguente immagine: un palo della luce con un cavo singolo, sul quale si attaccavano decine e decine di fili illegali. La visione d'insieme vista dal basso mostrava un reticolato nero, quasi una ragnatela, per cui concludevo "ogni gesto d'astrazione creativa come quello tipico di chi guarda il cielo era sporcato da questa ragnatela. Qualcosa di sporco segnerà sempre il processo creativo".

Durante le letture e le presentazioni ho notato che questa immagine poetica risultava molto gradita al pubblico. Naturalmente mi vantavo. E naturalmente quella immagine forte e poetica in qualche modo immobilizzava il racconto e la favela precipitava, anche se poeticamente, nell'immaginario tipico: povertà, disperazione, narcotraffico e impossibilità di trovare una via di fuga, in quanto anche il cielo, elemento di libertà creativa, è sporcato.

Finché un giorno non ho assistito a una conferenza. Si parlava dei problemi del Terzo mondo e il relatore, un antropologo americano, ha mostrato in una *slide* la stessa immagine che io avevo descritto: un cavo elettrico sul quale si attaccano decine e decine di cavi. Con mia sorpresa, il relatore non ha insistito troppo su questa immagine ma ha, invece, descritto il percorso di uno dei fili: dove andava a finire? L'immagine successiva si apriva sulla cucina di una casa; seduta al tavolo una bambina – che lavorava durante tutto il giorno – studiava fino a notte fonda grazie a quella luce. Il problema era allora come sfruttare quella luce abusiva e trasformare un atto illegale in una possibilità legale.

Mi ha molto colpito questa descrizione: io non ci avevo pensato. Era un cavo abusivo, è vero, ma forniva elettricità anche a persone che stavano lottando per non rassegnarsi alle statistiche – le stesse che magari li vedevano come futuri soldati al soldo dei narcotrafficanti.

Nella descrizione fredda dell'antropologo la mia immagine, ovvero il processo creativo sporcato dalla ragnatela dei fili, non reggeva alla prova dei fatti. Era statica e non dinamica.

Quanto c'avevo messo a elaborare quella metafora? Forse due minuti e un po' meno per scriverla. Risultato: un'immagine che paralizzava la narrazione in nome della sua forza poetica.

L'antropologo non si fermava lì a far poesia, seguiva i fili casa per casa e ne illustrava l'effetto sulle singole persone. La sua descrizione apriva percorsi e possibilità che la mia bella e comoda e facile pigrizia poetica aveva eliminato.

Le persone che ho incontrato nell'associazione sono come quell'antropologo, cercano di seguire i fili o di posarli, casomai non ce ne fossero. Troppa poesia, e usata male, spegne la biodiversità, mentre al contrario la curiosità e l'inquietudine l'accendono. Il cittadino, in senso lato, dovrebbe essere un medico senza frontiere. Abbattere i confini tra i saperi e integrarli è un'ottima soluzione per esaminare metodicamente quello che accade. Perlomeno, quella soluzione evita la formazione di metafore statiche.

Li chiamano operatori umanitari

Renata Pisu

In Burundi, in un campo per i rifugiati del vicino Ruanda sfuggiti al massacro, tutti tutsi perché è questa l'etnia vittima del genocidio del 1994, ho incontrato un'infermiera di Napoli, Alessandra, il cognome non lo ricordo e forse non gliel'ho nemmeno chiesto perché lei si è presentata come operatrice di Medici Senza Frontiere e questo bastava a identificarla. Al campo la massima parte dei rifugiati era colpita da shigellosi, una forma assai grave di dissenteria. Sotto una tenda ragazzi e ragazze di vari paesi stavano lavando degli uomini forse ancora per poco viventi perché erano già scheletri. Indovinavo in loro la vita soltanto per gli occhi che mi fissavano e per il fetore delle loro feci colanti.

Una donna alta e magra con un bambino in braccio avvolto in un fagotto di coperte e un altro attaccato alla sottana si è avvicinata ad Alessandra. Le ha fatto capire che il piccolo ha anche lui la dissenteria e ha aperto il fagotto mostrando un corpo che era soltanto pelle e ossa e puzza. Mi sono tirata due passi indietro, Alessandra no. Le ho chiesto se quel bambino aveva qualche speranza di sopravvivere e lei mi ha risposto che forse ce l'avrebbe fatta anche se non ne era sicura. "Muoiono talmente in tanti qui" ha detto. Si è poi allontanata per andare a cercare delle medicine per il piccolo. La donna si è seduta per terra con il suo fagottino maleodorante tra le braccia; l'altro suo figlio, che avrà avuto quattro o cinque anni e aveva già ricevuto la sua razione di gallette – ce n'erano soltanto per i bambini sotto i sei anni, non per tutti –, ha aperto il suo sacchetto, ne ha presa una, le ha dato un morso e l'ha masticata a lungo, lentamente. Poi si è tolto di bocca la galletta ridotta a pappa e l'ha messa dolcemente tra le labbra violacee del fratellino. Ho distolto lo sguardo.

Sono salita lungo la scarpata della collina punteggiata da teli azzurri di plastica che le Nazioni Unite offrono ai rifugiati di tutto il mondo per farsi un riparo. Ho visto teli azzurri in tanti disgraziati paesi e così per me questo è diventato il colore della disperazione. Sotto i teli sostenuti da rami e frasche giacevano intere famiglie. Qua e là avevano acceso dei fuochi per cuocere della farinata che è l'unico cibo che le varie organizzazioni riescono a passare ai rifugiati, con l'aggiunta di un bicchiere di fagioli per ogni persona registrata al campo. Una volontaria della ONG francese Azione contro la Fame mi ha detto che in questo campo dove sono raccolte quattromila persone, si arriva a novecento calorie al giorno, mentre secondo l'Organizzazione Mondiale della Sanità ce ne vorrebbero almeno duemila. "Ma che ci si può fare?" mi ha detto. "Qui c'è bisogno d tutto per questa gente, vestiti, cibo, medicinali..." Da sotto un telone è sbucato un ragazzino sui dieci anni con indosso un golfino nero ricamato con lustrini. Poco lontano camminava sorreggendosi a un bastone un vecchio allampanato vestito con un cappotto bianco con i bottoni d'oro tagliato in vita a redingote. Ho pensato che erano i nostri abiti usati che mettiamo in un sacco per liberare l'armadio e salvarci la coscienza. Ma la dignità di questa gente, chi la salva?

Ho incontrato in tanti luoghi colpiti da improvvise catastrofi, o dove purtroppo la catastrofe è endemica e si risolve in apatica accettazione del peggio, tanta gente che tenta di salvare vite umane ma anche l'umana dignità di tanti nostri dimenticati simili. Li chiamano operatori umanitari. Curano, insegnano, sfamano, dissetano, ma soprattutto danno dignità perché guardano tutti negli occhi.

Insieme a un operatore umanitario di Terre des Hommes, Erik Gerard, un giorno anch'io a Bujumbura, in Burundi, ho dato dignità, un po' di dignità, a dei ragazzi di strada, ospiti di una casa-rifugio chiamata La Piccionaia. Dopo averci sottoposti a una sfilza di domande serrate sull'America – che è il loro sogno perché hanno sentito dire che in quel bel paese i neri come loro hanno l'automobile – ci hanno seguito fino alla nostra jeep. Un ragazzino ci ha chiesto se poteva salire in macchina per accompagnarci, subito altri quattro si sono fatti avanti e li abbiamo fatti salire. Ma poi ne sono saliti altri dieci, altri venti, un'infinità, accatastati uno sull'altro. Alla fine, mentre stavo per chiudere la portiera, ho visto un piccolino con il moccio al naso che mi guardava con occhi imploranti. L'ho sollevato da terra e me lo sono tenuto in grembo. Prima di partire li abbiamo contati. Incredibile, erano trentadue, trentadue ragazzi di strada che per la prima volta in vita loro salivano su di un'automobile e per le vie di Bujumbura hanno fatto la loro marcia trionfale.

I santi incolumi

Antonio Scurati

Tu te li immagini sempre nel momento cruciale, sempre alle prese con la questione di vita o di morte. Te li immagini sempre nell'istante in cui nell'ospedale da campo, sotto una tenda svolazzante, con indosso il camice aperto e imbrattato, discinti, concentrati e salvifici, accordano la benedizione della scienza medica al corpo dell'uomo che si regge le budella con le mani e lo ricuciono, ricucendo anche il passato al futuro della sua vita grazie al filo di sutura di questo fatidico istante presente. Oppure, tutt'al più, te li immagini nell'istante in cui, attorniati da madri e bimbi festanti, inoculano nella spalla sinistra di un ragazzetto africano l'antivirus che prolungherà di anni e decenni la sua vita tirando una linea progressiva, lunga anche se non infinita, proprio a partire da questo puntuale, non meno fatidico, istante. Te li immagini sempre così i Medici Senza Frontiere, come se l'esistenza di un uomo – sebbene sia la speciale esistenza di un medico senza frontiere – potesse essere composta solo di fatidici istanti, inanellata in una catena di perfezioni che assommano un momento cruciale dopo l'altro.

E poi te li immagini sempre incolumi. Li immagini ammantati dal carisma del predestinato alla sopravvivenza nel mezzo della carneficina altrui. Te li figuri lì, sui fronti di guerra di tutto il pianeta, disarmati ma pronti a fronteggiare gli effetti carnali di ogni violenza, eppure sicuri di trovarsi con i loro corpi preziosi, con le loro mani medicamentose, sempre sul lato incruento di quella violenza.

Ovviamente non è così, né per quel che concerne la presunta verticalità dei momenti cruciali, né per quel che riguarda la fantasiosa unidirezionalità della violenza. Medici Senza Frontiere è un'organizzazione estremamente complessa che deve dispiegare un'enorme quantità di professionalità, specializzazioni, tempo, denaro e competenze soltanto per poter portare uno dei suoi medici in camice bianco nel punto apicale in cui la scienza medica, in quegli istanti fatidici, in quei momenti cruciali, incontra il corpo umano lacerato da sanare o qualsiasi altro corpo umano da curare e guarire. Un'organizzazione che investe buona parte delle proprie risorse ed energie per mettere in sicurezza innanzitutto quel medico, pur sapendo di non poterci mai riuscire del tutto.

Prima di incontrare Angelo, Roberta e Andrea, io pure mi ero sempre raffigurato i Medici Senza Frontiere assecondando con la fantasia quell'iconografia posticcia da santi incolumi del momento cruciale. Poi ho ascoltato per un'ora (e l'avrei voluto ascoltare molto più a lungo) Angelo – responsabile della logistica e della sicurezza – che mi parlava di analisi, scenari, conoscenze, contatti e procedure, di strategie comportamentali antivittimarie in equilibrio tra eccesso di aggressività ed eccesso di remissività – tattiche e strategie che, a lungo andare, si trasformano sul campo "in un istinto, una percezione, un feeling"; ho ascoltato Roberta – addetta alle finanze – che mi parlava di dispositivi anticorruzione, procedure selettive trasparenti e meritocratiche mirate a preservare l'organizzazione da ritorsioni, giochi di potere, scambi di favori, che mi parlava di potabilizzazione dell'acqua, di bilanci idrici e raccolte dati epidemiologici (ma l'ho anche ascoltata parlare della "forza del colera" con una lingua che farebbe invidia a ogni scrittore: "...pioveva, contavi, tre giorni e avevi il picco..."); ho ascoltato Andrea – logista – parlare della tragica morte di due suoi colleghi a Mogadiscio, un medico indonesiano e un responsabile belga, assassinati da un collaboratore locale nella loro tenda a causa di motivi al tempo stesso banali e insondabili, come lo è sempre, a ogni latitudine, il rancore omicida.

Ho ascoltato tutto questo e, alla fine, ho potuto cominciare a capire che il gesto repentino e sapiente con cui la mano del chirurgo accudisce il corpo del morente in un remoto avamposto gettato dalla scienza occidentale in esotici teatri di guerra, anche quel gesto richiede un lunghissimo, accuratissimo preliminare. E nessuno può mai escludere del tutto che quella violenza un giorno morda la mano che, al termine di quel lunghissimo preliminare, l'aveva temporaneamente blandita, credendola forse placata.

Poi, però, quando siamo passati a discutere delle motivazioni che spingono donne e uomini come Roberta, Angelo, Andrea ad accollarsi quell'estenuante lavoro preliminare, sempre esposto al rischio della violenza, allora è riapparsa quella qualità "cruciale", quel connotato "fatidico" che l'illustrazione della complessità organizzativa aveva stemperato.

Angelo mi parlava della Liberia, di un campo di rifugiati che hanno visto sei guerre e hanno i parenti dispersi in tre diversi paesi. Mi raccontava che in quell'inferno si arrivava a contare fino a sei bambini morti ogni giorno.

"E non ci sono giorni in cui vi assale la tentazione di piantare tutto. Non vi demoralizzate?" gli ho chiesto.

"No," mi ha spiegato, "perché ciò che facciamo lo facciamo per Pasquale, per Hadim, per Pepito. Ci sono le statistiche ma ci sono anche gli individui con un nome, qualche volta perfino un cognome."

Mi sono fatto coraggio: "E il giorno in cui Pepito muore?" ho azzardato.

Angelo allora ha sospirato, scrollando le spalle. “È una giornata che è andata di merda.”

Poi, dopo un istante di silenzio, Angelo è tornato a parlare. Quella battuta sconsolata e acre era ancora nell’aria e lui per primo non voleva concederle l’ultima parola. Allora ha guardato me, poi si è volto verso Roberta che è la sua compagna nell’organizzazione come nella vita e che aspetta da lui un figlio.

“È tutto molto semplice,” ha concluso, “aiutiamo loro come mi aspetterei che qualcuno aiutasse Roberta se io morissi e la catastrofe ci fosse qui da noi.”

Già. Va così. L’organizzazione è complessa, la procedura è lunghissima. La motivazione umana, però, è semplice. Ha una struttura cristallina. È indistruttibile e brillante come il diamante.

Lettere

Afghanistan

Brunilde Germani
chirurgo

Di ritorno da Lashkargah, terza missione con Medici Senza Frontiere, come chirurgo.

Ogni volta che ritorno ho la gioia nel cuore.

E sì che la scelta di partire la prima volta non è stata facile. Fresca di pensione, dopo una vita dedicata all'ospedale con difficoltà di ogni tipo, dovendo subire le regole di una società competitiva mi sono chiesta: e adesso cosa mi resta da fare? La risposta è stata più che logica: mettere il mio lavoro al servizio di chi ne ha veramente bisogno. Ma mancava ancora qualcosa per soddisfare gli ideali che mi avevano guidato in tutta la mia vita. Dedicare il mio tempo e il mio lavoro alle popolazioni sfortunate, magari in guerra e vittime dell'umana stoltezza, condividendo l'esperienza con chi nel mondo lavora allo stesso obiettivo. MSF è stata la naturale scelta successiva.

È così che mi sono trovata in Afghanistan, paese difficile, dove la donna non ha spazio vitale. Dove la popolazione non si può permettere un'assistenza sanitaria, dove la mortalità materno-infantile è incredibilmente alta e sotto gli occhi di tutti. Dove le competenze chirurgiche vengono dirottate al privato. Dove l'uso dei farmaci è distorto e abusato. Dove le condizioni igieniche sono inesistenti. Dove la popolazione si trova in condizioni di arretratezza. Dove le conseguenze dell'alto numero di incidenti stradali, oltre che di quelli dovuti alle conflittualità tribali e belliche, intasano i reparti chirurgici. E poi i bambini: ustionati da incidenti domestici, coinvolti senza un perché in esplosioni di bombe e quant'altro.

Premetto che se ti fai prendere dal panico per i racconti sui rischi che si corrono in paesi come questi, non parti più. Non ho prestato attenzione a tutto ciò, anche perché la propaganda dei media non aiuta di certo a rassicurarti. Durante la mia missione non ho percepito grandi pericoli e il rapporto con la popolazione è stato assolutamente accettabile. Di certo, ti colpisce la diffidenza iniziale delle donne che non vogliono esporsi vivendo sotto i loro burqa e che trasmettono timori e paure di un'ancestrale sottomissione.

Da donna chirurgo è stata interessante la relazione professionale con lo staff nazionale. Premetto che a Lashkargah MSF è presente come supporto al reparto chirurgico esistente completamente afghano. Quindi il ruolo del chirurgo è tutto da inventare. Oltre alle competenze specifiche, sono altri i requisiti necessari per raggiungere una buona integrazione lavorativa: pazienza, confronto pacato, onestà intellettuale, trasparenza, diplomazia. Ho trovato queste caratteristiche importanti per raggiungere quel riconoscimento sul campo che è fondamentale per poter essere accettati e considerati per le proprie capacità. E c'è un'altra considerazione da fare. Strano a dirsi: forse perché alla fine di una lunga esperienza ospedaliera, e sicuramente per il rispetto che gli afghani riservano all'anziano in generale, cosa che dovremmo reimparare anche nel nostro paese, non ho avuto rilevanti problemi di discriminazione di genere. Questa è una cosa che mi ha un po' stupito, trovandomi in un paese dove la donna non può decidere niente, nemmeno riguardo la propria salute.

E come dimenticare lo sguardo supplicante di donne ricoverate o operate per casi urgenti che chiedevano di tornare a casa per dar da mangiare ai loro quattro o cinque figli rimasti soli, o l'abbozzato sorriso di saluto di bambini amputati per ferite belliche, cresciuti troppo in fretta? Bambini che affrontavano il dolore conservando la loro dignità. Sono tante le cose che si imparano vivendo in questi paesi: l'umanità che ti circonda e ti avvolge, ti rimette in contatto con quella che avevi dimenticato. Sono tanti i segni di riconoscenza che ricevi ogni momento: una parola, un abbraccio, un sorriso, un gesto generoso, una stretta di mano da persone comuni e non, che hanno ancora la capacità di dirti "grazie" per quello che hai fatto e per aver dedicato loro il tuo tempo.

Bangladesh

Flavio Salio
capomissione

Il Bangladesh è il paese più densamente popolato al mondo e Dacca, la sua capitale, una metropoli in continua espansione. Un'espansione non controllata, figlia di una disperata ricerca di lavoro e di maggior sicurezza soprattutto per chi vive nelle aree continuamente devastate da calamità naturali. Il risultato di queste "fughe" è la nascita di numerose baraccopoli (slum), più di cinquemila a Dacca, dove le condizioni igienico-sanitarie sono molto precarie, così come l'accesso ai servizi di base. Per molti la casa diventa una piccola stanza da condividere con tutta la famiglia, vivendo grazie a lavori giornalieri sottopagati, diventando presto facili prede di sfruttatori e strozzini. La mancanza di solidarietà tra la popolazione che vive nelle aree più depresse è l'emblema del tentativo di aggrapparsi alla vita con le sole proprie forze, non avendo il tempo materiale di sentirsi parte di un qualcosa.

Vivere a Dacca significa immergersi in un traffico congestionato senza regole, con tassi di inquinamento elevatissimi. Con il tempo ci si abitua anche agli odori dei precari sistemi fognari e all'accumulo di immondizia ai lati della strada. Difficile invece abituarsi alle migliaia di mendicanti presenti ovunque, ognuno con una storia diversa di emarginazione e soprusi. Come Shafi, un bambino di circa dieci anni che ho incontrato spesso durante i miei primi mesi a Dacca. Riconoscente per poco e sorridente per nulla. Sorriso che chiaramente nascondeva le difficoltà di un bambino solo, senza fissa dimora, in perenne fuga dai pericoli della strada, che cercava di vivere distribuendo adesivi colorati ai semafori. La sua immagine, come quella dei tanti bambini di Dacca che vivono in simili condizioni, dà un significato maggiore alle attività di MSF in Bangladesh.

Le profonde differenze sociali e di genere, le usanze locali fanno sì che moltissime ragazze appena adolescenti siano "forzate" a diventare donne e madri giovanissime, assumendo responsabilità che non sono consone alla loro età. La tristezza nei loro volti unita alla tenerezza dei loro gesti è un'immagine così particolare che il solo descriverla non riesce a rendere le emozioni che produce.

Nonostante la notevole disponibilità di cibo presente nel paese, la difficile situazione economica e le particolari abitudini locali fanno sì che la dieta non sia certo bilanciata, con pesanti ripercussioni a livello di salute, soprattutto per quanto riguarda la malnutrizione infantile. Purtroppo, non essendo questa percepita come una malattia, non ne viene compresa la gravità, di conseguenza manca un'adeguata richiesta d'aiuto, cosa che fa sì che un'elevata percentuale di popolazione ne sia colpita. Le difficoltà e i problemi della vita quotidiana costringono molte madri, spesso sole e con figli a carico, a dover scegliere tra il lavoro e l'accompagnare il figlio in ospedale per il trattamento.

Fuori da Dacca la natura regala i suoi colori e le sue emozioni. Il verde delle piantagioni di tè e delle foreste di mangrovie è presente anche nella bandiera nazionale. Il silenzio, un' opportunità irrinunciabile lontano dal suono dei clacson e dal caos urbano che alla lunga ti soffocano. Il viaggio però è caratterizzato dalle condizioni precarie delle vie di comunicazione e dei mezzi di trasporto che troppo spesso diventano trappole mortali. I fiumi e i loro affluenti, pur esondando frequentemente durante l'anno, rappresentano anche una fonte di sostentamento per i milioni di persone che vivono lungo le rive, essendo la terra un bene estremamente prezioso in Bangladesh. In molti casi l'acqua del fiume è l'unica disponibile nonostante sia contaminata da prodotti chimici e arsenico, cosa che rappresenta un serio rischio per la salute di chi la utilizza.

La recente storia politica del Bangladesh racconta di rivoluzioni e instabilità, di una ricerca d'identità che ancora oggi gioca un ruolo importante nella società. Cercare di capire come il vecchio e il nuovo si mescolino rappresenta un passo estremamente importante per arrivare a comprendere e a vivere meglio il paese.

La disponibilità delle persone e la loro curiosità mi hanno permesso di lavorare in un ambiente stimolante e chissà che il mio saluto non sia stato un addio ma solo un arrivederci...

Burkina Faso

Sara Gaspani
farmacista

Carissimi,

sembra ieri che abbracciavo i miei adorati nipotini Ari e Stefano ed è già passato un mese anzi, a voler ben vedere, due. Non so se ho più la cognizione del tempo, ma so per certo che il tempo vola.

Buon segno, ottimo direi!

Innanzitutto, voi come state?

Penso spesso al piacere di ritrovarvi durante la mie lunghe vacanze bergamasche. Non è retorica e non vuole esserlo. Vuole giusto essere una constatazione del privilegio che vivo.

La certezza di essere circondata da persone speciali, capaci di farmi sentire bene e di dimostrarmi tutto l'affetto e l'amicizia possibili quando rientro da realtà così lontane. È un vero privilegio, grazie!

Mi scuso in partenza per la latitanza epistolare ma vi garantisco che questo primo periodo è stato davvero molto frenetico e intenso.

Sono stata piuttosto sotto pressione dal punto di vista professionale (esaurimento delle scorte, ordini internazionali in ritardo, problemi di staff e di gestione, anche se un po' me l'aspettavo).

Per di più, alla voglia di comprendere il contesto burkinabè si è aggiunta la necessità di conoscere la situazione della vicina Costa d'Avorio (l'atmosfera è molto calda, sebbene al momento l'Egitto e la Tunisia tengano gli amici ivoriani lontano dai riflettori).

E dulcis in fundo, le connessioni internet non sono sempre ottime (per inviare una mail ho impiegato due ore e mezzo!).

Quindi bando alle ciance e veniamo a Titao, nel rosso e polveroso Sahel. Che spettacolo essere qui.

Sono squisitamente immersa in paesaggi mozzafiato.

A dir il vero qui è tutto mozzafiato!
E quel che è peggio è che non sono io a rimaner senza fiato
sono tanti bimbi affamati di vita
che rimangono senza fiato e non metaforicamente parlando.
La causa? Malnutrizione infantile, un termine più gentile che non dire "morto di fame".

Pensavo di "essermi fatta le ossa" ad Haiti.

E invece, qualche volta mi è capitato di essere in ospedale nel momento sbagliato, di rientrare a casa con il morale a pezzi e di trascorrere la notte con gli occhi spalancati.

Spalancati di angoscia (non è il massimo veder agonizzare dei cuccioli d'uomo) e di rabbia.

Tanta rabbia!

Non è facile accettare la morte.
Non lo è per nessuno.
Ma certe morti sono davvero molto, molto difficili da accettare.
I cadaveri di questi bambini sono lo specchio di un mondo ingiusto e, purtroppo, indifferente.

In un contesto del genere ci si interroga a trecentosessanta gradi, qui non c'è un terremoto a cui "dare la colpa".

Scusatemi se vi saluto già ma non mi sento molto ispirata per continuare a scrivere.

Sappiate solo che sono, come sempre, doppiamente felice di essere qui, di sentirmi coerente con i miei ideali e felice quando penso a voi, che pur da chilometri di distanza mi riscaldate con il calore del vostro affetto!

Vi voglio bene, un abbraccio.

Burundi

Annamaria Ronca
amministrazione e finanza

Ciao mamma,

ti scrivo questa mail dal mio piccolo ufficio di Kabezi. Oggi è una giornata speciale e voglio condividerla con te. Questa mattina ho assistito a un vero miracolo, il miracolo della vita. Avevo chiesto da tempo di assistere a un parto e un paio d'ore fa, inaspettatamente, sono stata chiamata di corsa. Il bambino era sul punto di nascere e ho corso quei pochi metri che mi separano dall'ospedale, ho tolto le scarpe e indossato il camice e sono stata a guardare. Ho assistito all'intero parto, al terrore della madre e alla sua calma. Appena la donna ha visto il suo bambino, è stato come se in un attimo avesse dimenticato l'immenso dolore e la paura che evidentemente provava qualche secondo prima; il volto le si è illuminato di immenso in una scena che qualunque artista avrebbe cercato di immortalare. La sutura me la sono risparmiata, l'emozione era già troppa, ho continuato a piangere fino al mio ufficio e mi sono resa conto della bellezza e della forza delle donne. Portarsi la vita dentro e poi darla alla luce. Siamo creature meravigliose. E mi sono anche resa conto della bellezza del mio lavoro, del nostro lavoro in MSF. Ricordi che ti dicevo che non vedevo l'utilità del mio ruolo? Be', oggi l'ho vista, per la prima volta dal mio arrivo in Burundi. Sono l'amministratrice di questo ospedale, gestisco le risorse umane e contribuisco a far nascere una vita. Sì, le mie scartoffie aiutano lo staff medico, e quello non sanitario, a lavorare bene per aiutare queste donne a partorire i loro bambini, a far venire al mondo queste piccole creature che saranno il futuro di questo paese. E ne sono orgogliosa. Mamma, ora capisco come ti sei sentita a lasciarmi partire, capisco che non deve essere stato facile, ma spero tu sia fiera di me.

Ti abbraccio forte e dai un bacio da parte mia ai maschi di casa.

Ciad

Valentina Pasquinelli
psicologa

Non abbiamo la linea telefonica e collegarsi a internet diventa difficile.

Martedì, Abeché, i movimenti bloccati.

In venti in casa, senza troppa acqua né troppo da mangiare. Tutti hanno qualcosa da dire, qualche informazione nuova da dare, previsioni, paure, convinzioni. Rumori.

La notte si fa fatica a dormire, sarà per il caldo e per le forti emozioni vissute sabato scorso.

Ieri mi hanno domandato: "Avresti mai pensato di poter vivere la guerra?".

Mi sto sforzando di allontanare i suoni dalla mente, il panico di quei momenti, gli sguardi delle persone che erano nella stanza di sicurezza, eppure riaffiorano, ne parliamo e ne riparliamo e al minimo sparo o aereo che passa è un sussulto, un salto e subito a cercare gli altri intorno a te, che hanno avuto la stessa reazione di spavento per un niente, poi sorridere e scuotere la testa.

Conosco la mia reazione, adesso, anche di fronte ai bombardamenti.

Ho pensato solo un istante, chiusi in ventisette in una stanza di due metri per due, che i ribelli sarebbero potuti entrare nella base, aprire la porta e spararci addosso, così, indiscriminatamente.

È stato un attimo, poi non è più stato il mio pensiero principale.

Mi occupavo degli altri per distogliermi da me stessa, ne avevo la forza.

Ai primi spari, mancavano tre persone dalla base. Due erano al mercato e uno in un'altra Organizzazione Non Governativa (ONG).

La preoccupazione più grande, mia come degli altri, era per loro.

Domandare e ridomandare,
chiamare alla radio,
provare e riprovare sul cellulare,
senza successo, le linee interrotte.

Qualche minuto, un'eternità, e sono arrivate, stremate, mai vista tanta fatica, avevano corso come pazze per qualche chilometro per raggiungere la base.

Accasciate per terra, tachicardia e vomito, lo sguardo di Saifour perso veramente lontano, irraggiungibile.

Gli spari erano talmente vicini che più volte ci siamo sdraiati per terra, d'istinto, come a scansare i proiettili, che non hanno mai raggiunto le nostre mura, ma sembravano talmente vicini, e noi eravamo talmente tanti che non riuscivamo a sdraiarci completamente, in un ingorgo di corpi, piedi nudi, sudore misto alla paura.

Dopo ho pensato che potevo proteggermi con la cassaforte.

Ho incrociato ventisei sguardi diversi e ne ho sostenuti alcuni, sorridendo.

Continuavo a dire a Saifour: "*Ça va aller*" (è tutto a posto).

Ho fumato due sigarette vicino alla porta.

Ho continuato a chiamare al telefono che non prendeva perché non avevamo informazioni di Josuè, sano e salvo nell'altra ONG.

E poi non so più che cosa ho pensato, era tutto, in quel momento.

Dopo ho pensato che potevo morire o potevo essere

ferita, ma mentre succede pensi solo a salvarti. Fai di tutto inconsapevolmente per aggrapparti alla vita.

E l'acqua per noi era quello, aggrapparci alla vita. Bottiglie e bottiglie distribuite, in quarantacinque minuti. Necessarie? Inutili? Se non fosse finita in quel lasso di tempo e avessino dovuto restare di più? Anche l'acqua era la vita, quindi necessaria.

Poi tutto è divenuto più calmo, cessato il fuoco, abbiamo aspettato altri cinquanta minuti prima di uscire dalla stanza.

Ed era l'aria, il cielo, il fumo appena dietro la nostra base perché Jtz era stata incendiata e poi il silenzio.

I telefoni non funzionavano e lo staff aveva la famiglia in città, inerme, senza notizie, senza poter mettere piede fuori dalla base.

Poi ci si calma, si esce e si lavora con i feriti, all'ospedale, nonostante la paura e l'angoscia della notte, del buio.

Ho dormito rimettendo la sveglia alle quattro, convinta che alle cinque, alle prime luci dell'alba avrebbero riattaccato. Volevo essere pronta.

Niente.

Ma la domenica non sembrava domenica.

Evacuazione su Abeché, due turni. Siamo qui adesso senza poter far niente.

Stanchi.

Nessuna decisione presa per il momento, evacuazione in Camerun o nella Repubblica Centrafricana? Siamo troppi, non possiamo restare tutti qui.

L'attesa. Le decisioni da prendere sono lente, qualcuno si lamenta. Perché aspettare tanto?

Sono le nove e venti, aerei e ancora aerei sopra le nostre teste.

L'ufficio lavora, instancabilmente.

Vi scrivo e vado a "casa", a qualche metro di distanza, mi sdraio sul divano e provo a leggere un po'. Devo comprare le sigarette.

Mi sono ancorata a una candela, è la mia salvezza,

posso anche darle le spalle, so che c'è ed è diversa da tutte le altre candele di questo paese, in questo momento spente. Mi permette di trovare una collocazione alternativa in questo spazio altrimenti così concreto e devastante che è l'Africa.

Un bacio

Colombia

Antonio De Giovanni
medico

Sono in volo per Bogotà, Colombia. È la mia prima missione e ho cinquantacinque anni. Mi verrebbe da dire "nonostante i miei cinquantacinque anni", ma significherebbe dare un giudizio negativo alla mia età mentre in realtà non so ancora se si trasformerà in risorsa o in problema rispetto all'esperienza che sto per vivere.

Passo due giorni nella capitale dove, in un giro vorticoso di briefing, alcune persone dietro un acronimo (LogCo, MedCo, FinCo, HoM, HR) cercano di spiegarmi la filosofia e i protocolli di una organizzazione che non sento ancora mia, le caratteristiche di un paese che non è il mio, in una lingua che non è la mia. Tra un briefing e l'altro, tra un acronimo e l'altro continuo a ripetermi come un mantra: "Tranquillo, vedrai che tutto diventerà più chiaro una volta arrivato sul posto".

Il terzo giorno prendo il volo Bogotà-Cucuta, capitale del dipartimento di Norte di Santander al confine con il Venezuela. All'aeroporto mi aspettano la mitica Toyota bianca e Jaime che la guida. È simpatico e ama la conversazione: il problema è che parla velocemente e con un fortissimo accento del Nord. Il risultato è che capisco circa il venti per cento delle cose che dice, ma grazie al cielo mi sembra che non faccia domande e quindi è sufficiente che io sorrida in modo idiota a quelle che penso siano delle battute. A mano a mano che lasciamo Cucuta, la strada asfaltata si trasforma in strada asfaltata con buchi, poi in strada con buchi, poi in sentiero e infine in sentiero con buchi. Il caldo comincia a diventare insopportabile, Jaime continua a parlare e io continuo a non capire e comincio a chiedermi “cosa ci faccio qui?”. Dopo circa quattro ore raggiungiamo finalmente Tibù, dove MSF ha la sua base. La cittadina è molto meglio di quanto avessi immaginato: ci sono negozi, locali con biliardi, piccoli ristoranti e persino un bancomat. La mia iniziale tensione diminuisce anche se non scompare del tutto. La sede di MSF è funzionale pur non essendo particolarmente grande. Vengo accompagnato in quella che per un anno dovrà diventare la mia casa e ne rimango subito affascinato. Una casa in tipico stile arabo-spagnolo con patio centrale che dà su un giardinetto in cui troneggia una palma e sul quale si aprono le camere da letto e la cucina. Vivrò lì con altri tre operatori: un coordinatore di progetto italiano, un logista spagnolo e un'infermiera olandese. Il primo è in vacanza in Italia, l'altra è fuori con una clinica mobile e incontro l'unico presente, Jorge.

Dopo una settimana parto con la clinica mobile, la prima della mia vita. E mi sento finalmente un vero MSF. Dopo cinque ore di viaggio attraverso sterrati, guadi, impantanamenti e sentieri sassosi, che mettono a dura prova le mie tre ernie del disco e la mia artrosi cervicale, arriviamo a destinazione. Tutta l'équipe sa esattamente cosa fare e come farlo. Tutti, tranne me ovviamente: mi sento come un pesce fuor d'acqua e non posso neanche utilizzare il mantra che usavo a Bogotà perché ormai sono qui. I miei compagni cominciano a scaricare ordinatamente il materiale, a montare i vari spazi dove verrà fatto il triage, dove verranno realizzate le visite, le medicazioni e dove saranno consegnati i farmaci. Quando tutto è a posto, ognuno inizia a montare la propria tenda e a preparare quello che sarà il suo giaciglio per una settimana, ognuno tranne me ovviamente. L'ultima volta che ho montato e dormito in una tenda è stato nell'estate del 1974. Mi viene quasi da piangere. Prima di andare a dormire comincia la surreale processione verso l'unica doccia (che è anche l'unica latrina) illuminati dalla propria lanterna frontale. Quindici persone che paiono fantasmi nella notte. Naturalmente non c'è acqua corrente e la doccia si fa versandosi sul capo dell'acqua presa da un bidone. Nel frattempo mi vengono fornite le prime basilari regole di potabilizzazione dell'acqua e smaltimento dei rifiuti: dopo il suo utilizzo, la carta igienica dovrà essere messa in un apposito contenitore situato all'interno del loculo doccia/latrina per evitare che intasi la tazza del water. Mi rendo improvvisamente conto che dovrò cambiare le mie abitudini e dovrò farlo in fretta. Ci svegliamo alle sei e dopo una frugale colazione cominciamo la nostra attività clinica. Il mio compito, in quanto medico, è quello di supervisionare l'attività clinica e la corretta applicazione dei protocolli MSF. Mi bastano pochi minuti per capire quanto sia difficile supervisionare chi ne sa più di te e quanto sia frustrante controllare la corretta applicazione di protocolli che non conosci. Dopo una settimana si ritira il materiale, si smonta la clinica, si smontano le tende e si ritorna verso Tibù. Nonostante non sia riuscito ad andare in bagno per tutta la settimana, sono dimagrito di due chili. Fra tre giorni ripartiremo con un'altra clinica mobile di una settimana per un viaggio caratterizzato da quattro ore di Toyota, due ore di canoa e gli ultimi trenta minuti di cammino. Non credo che rimarrò molto in questo paese.

Sono in volo per Milano Malpensa. Sono trascorsi diciotto mesi dal mio arrivo in Colombia, diciotto mesi passati ininterrottamente nel progetto di Norte di Santander. Non so se sono meglio o peggio di quando sono partito dall'Italia, posso però sicuramente dire che sono cambiato. Ho avuto da questa esperienza molto di più di quanto io abbia dato: ho imparato cose che non conoscevo dal punto di vista professionale, ho imparato ad accettare il sapere dell'altro, ho imparato a essere empatico, ho conosciuto persone diverse e ho condiviso con loro un'esperienza che ha travalicato l'aspetto lavorativo, ho imparato a dare un valore diverso alle cose attraverso la vita e il contesto delle persone che abbiamo cercato di aiutare e che a loro volta ci hanno aiutato a capire e ci hanno insegnato.

Prima di decidere, prima di partire chiedetevi "perché lo sto facendo?". Ma soprattutto "per chi lo sto facendo?" e se la risposta dovesse essere "lo sto facendo solamente per me stesso" o peggio "lo sto facendo solo per aiutare gli altri" be', allora non fatelo. Chi fa questa scelta per avere delle risposte sbaglia, questa scelta non dà risposte, aggiunge solo altri interrogativi. Ma forse è proprio per questo che vale la pena di essere vissuta.

Costa d'Avorio

Bengasi Battisti
chirurgo

Cari amici,
come vanno le cose a Corchiano?

Qui cerchiamo di fare del nostro meglio.

Tante piccole difficoltà quotidiane che, grazie alla collaborazione di tutti, si superano quasi sempre.

Ogni problema è naturalmente di tutti, ogni difficoltà è normalmente condivisa e ogni successo è straordinariamente partecipato.

Anche questa missione sta per finire, il tempo veramente vola.

Dovrei partire il 9 dicembre ed essere a Parigi la sera e poi a Roma.

Spero il giorno 11 di poter condividere un buon caffè nel nostro baretto.

Mentre vi scrivo c'è un po' di tumulto nel paese.

Ad Abidjan, Yamoussoukro, Toumodi, Bouaké i giovani manifestanti chiedono la revoca del decreto del presidente Laurent Gbagbo.

Per tutta risposta, la polizia ha sparato sulla folla e si contano morti e feriti.

La tensione è alta e per i bianchi è un momento delicato.

Quando la gente è arrabbiata risulta difficile distinguere chi è qui per motivi umanitari e chi per altri scopi.

Nessun collegamento, quindi, con la capitale anche di giorno.

Le vetture sono ferme e spero che tra qualche giorno si potrà viaggiare, altrimenti dovrò restare un po' di più, almeno fino a quando la situazione non si normalizza.

Qui tutti portano il cognome del padre, il nome del giorno in cui sono nati e il nome assegnato.

Ernest è un bambino nato di domenica e ha tredici anni, un colpo di arma da fuoco gli ha forato un polmone.

Nell'agguato, lungo la strada che percorrevano dal loro villaggio a Bouaké, il padre è stato trucidato.

Mi ha raccontato che i ribelli, di fronte a seimila franchi, ritenendoli pochi, gli hanno sparato.

Seimila franchi ivoriani sono meno di dieci euro.

Ora è qui, la mamma lavora in una lontana piantagione di cacao, e la sorella di sette anni è con la nonna.

Mi racconta che la notte del nuovo anno la festeggerà a casa e sorride ancora come tutti i bambini.

E poi mi racconta che ogni giorno, nel suo villaggio, qualcuno muore per malattie, che io so essere curabilissime.

Il mondo è proprio così.

E di sicuro non cambierà mai.

A noi non resta che scegliere da che parte stare e normalmente non è facile.

Qui per noi è molto più semplice riconoscere la parte giusta: "È quel corpo coperto di teli verdi, anonimo e indistinguibile, per il quale dobbiamo lottare per strapparlo alla morte e mantenerlo in vita".

Etiopia

Roberto Scaini
medico generico

Vi scrivo sdraiato sull'amaca, in questo angolo del compound dove ogni tanto mi rifugio ad ascoltare l'ipod o a bere una birra. Quando c'è. E che ho ribattezzato, come è scritto su un cartello che abbiamo appeso qui "Donkey Bar". Perché gli asini sono proprio dietro la staccionata, a pochi metri da qui.

È notte. I tamburi in lontananza, il ragliare degli asini, il guaire di qualche cane.

Il cielo stellato emoziona, la luna per una ragione a me incomprensibile, povero medico, sorge davvero tardi.

Pochi giorni fa all'una di notte tornavo dal centro di salute ed era ancora bassa all'orizzonte.

Tornavo con un dolore atroce, nel silenzio di una notte africana rotta dal pianto disperato di una mamma che aveva da poco perso il suo unico piccolo di nove mesi.

Arrivato in condizioni disperate, con una grave polmonite e i terribili segni della disidratazione. Occhi infossati, spenti, privi di lacrime. Ha smesso di respirare mentre ancora provavo a fare qualcosa, nella consapevolezza che era tardi, con la voglia di non arrendermi. L'ultimo respiro, con gli occhi spalancati, è stato fra le mie braccia.

Nuradyn non ce l'ha fatta.

Una settimana difficile, pochi giorni fa Adi, tre anni, è stato portato via da una paralisi che ancora non so se fosse poliomielite o altro, so solo che dopo l'inutile tentativo di rianimarlo ho dovuto fermarmi stremato, e lasciare il corpo inerme alla pietà e al dolore dei genitori.

Africa. Ti violenta e ti cambia. Ti emoziona.

Il "mio" piccolo "reparto Africa". Stupendo questa sera, con i bimbi e i loro genitori tutti seduti fuori, al tramonto. Fra di loro c'è una sorpresa, il piccolo Ronaldo. È tornato a prendere le medicine per la tubercolosi, la salvezza che purtroppo per quindici giorni ha dovuto sospendere perché viene dal paese dove pochissimi giorni fa ci sono stati duri combattimenti e tante vittime. Mi raccontava della gente che sparava. E lui ha voglia di vivere. Cammina meglio, ed è quasi irriconoscibile tanto è aumentato di peso. Vi lascio immaginare l'emozione quando mi sono sentito chiamare "Irobi". Lui, Ronaldo, che per primo ha storpiato e inventato il mio nome africano: Irobi.

E con lui c'erano i nostri "nuovi" amici, quei bambini che finalmente stanno meglio, che all'inizio avevano paura dell'"uomo bianco" ma che ora mi aspettano ogni mattina per ricevere il loro "cinque" e il loro sorriso.

Perché il dottore li cura e gioca con loro.

Duh e Mohamed sono due belle sfide vinte, due bimbi che abbiamo avuto l'intuizione e il coraggio di trattare per leishmaniosi nonostante il test rapido fosse negativo. Ci abbiamo creduto e ora semplicemente glielo leggi negli occhi che stanno bene. Mohamed ha quattro anni e una dolcissima timidezza.

Questa sera ha rotto il ghiaccio, si è avvicinato, mi ha guardato con i suoi occhi grandi e si è semplicemente fatto abbracciare e dopo poco mi ha tirato la barba, chissà da quanto tempo voleva farlo!

Abdi Malik è un po' la mascotte del reparto, dodici anni, sta seguendo la terapia per una forma di tubercolosi laringea che quasi non lo faceva più respirare e parlare, sta migliorando tantissimo, pochi giorni fa l'ho fatto parlare alla radio del reparto, quello strano aggeggio dove vede che ogni tanto parla il "dottore bianco" ed era emozionatissimo a dire il suo nome.

È qui ormai da tempo e quando gli ho chiesto chi fra i bimbi del reparto fosse il suo migliore amico non ha avuto dubbi, ha spalancato i suoi bellissimi occhi neri e con un sorriso enorme ha detto "doctor Irobi!".

Abdirahim, sette anni, non muoveva più un braccio, un gomito immobile e gonfio.

Sto ancora indagando, lo manderò a fare una radiografia, ma intanto con la terapia sta andando benissimo. All'inizio le artrocentesi* sono state un vero dramma per il piccolo, ma ora che finalmente muove il suo braccino mi chiede se posso fare ancora quella strana magia di cui aveva tanta paura. E ogni volta che mi vede, il "cinque" è d'obbligo, anche con il braccio malato.

Ibrahim, otto anni, e quel morbo di Pott che credevo esistesse solo sui libri: la tubercolosi ossea che deforma in una gobba la colonna vertebrale. La terapia funziona, avrà salva la vita, porterà sempre questa orribile deformazione ma anche il suo bellissimo visino. Ha scoperto che quando passa il dottore, se chiude i suoi dolcissimi occhi e spalanca le braccia, lui gli fa il solletico sul pancino. E ride con una gioia tale che starei con lui tutto il giorno. Ride, è stupendo, e mi fa stare bene.

Perché i "miei" bimbi, i figli del deserto di Imey hanno bisogno di cure, di amore e di tornare a ridere. E allora ho imparato come si dice in somalo coccodrillo, *giass*, e mi avvicino mimando le fauci, e come

* Piccolo intervento che consiste nel sottoporre il paziente a una puntura in prossimità di un'articolazione con l'obiettivo di rimuovere fluidi in eccesso che causano dolori e riduzione della mobilità. [*N.d.R.*]

si dice asino, *damer*, e loro chiedono a gran voce: "*Damer! Damer! Damer!*" perché sanno che gli farò il verso. Buffo no? il dottore che fa il verso dell'asino.

Irobi ieri ha camminato per dieci chilometri nel deserto per raggiungere sotto il sole cocente West Imey, ed è tornato con un regalo. Ora nel centro di salute di Imey abbiamo il pallone. E secondo voi, erano felici i bambini?

Il dottore era felicissimo.

Lo dico sempre, dopo ogni meravigliosa alba non sai quello che ti aspetta, e dietro ogni emozionante tramonto sai che ancora non è finita. È la scatola di cioccolatini di Forrest Gump, la nostra sfida quotidiana.

Non smettiamo di crederci e di emozionarci.

Etiopia

Jennifer Luscombe
infermiera pediatrica

Giuseppe Pichierri
epidemiologo

Nel momento preciso in cui sono atterrata all'aeroporto di Humera ho capito cosa fosse l'Africa, con la A maiuscola.

E dire che io in Africa ci sono anche nata, quasi trent'anni fa. Ma quella era un'altra Africa, le Highlands a fare da sfondo a est, colline e prati verdi, pecore e mucche, che se non si sapesse di trovarsi in Zimbabwe, si direbbe di essere in Galles, più o meno tra Caerfyrddin e Llandeilo. Più o meno dove andrà a lavorare tra due settimane il mio futuro marito.

Sì, perché voi dovete sapere che questa storia comincia con una storia d'amore. Chi poteva immaginarlo? Eravamo a un incontro di formazione ad Amsterdam. Lui doveva partire due giorni dopo per l'Etiopia, mentre io sarei dovuta andare in Bangladesh, ma queste storie sono complicate, non funzionano.

Già, io ci sarei dovuta andare. Ma hanno ritardato la mia partenza, e così ho pensato di mantenere la promessa che gli avevo fatto: "Verrò a trovarti in Etiopia", ma tanto lo so che lui non ci credeva. Mi ricordo ancora la sua faccia all'aeroporto di Addis Abeba, mi sa che quello è stato il momento in cui mi sono innamorata di lui. Affascinante lo è, e quell'accento italiano, poi.

Me lo ricordavo più alto.

È stata una bella settimana, siamo stati in giro, abbiamo visto le chiese scavate nella roccia a Lalibela. L'Etiopia è bellissima.

E poi, colpo di scena! Sono riuscita a prolungare la mia permanenza qui, avevano bisogno di un'infermiera pediatrica nel progetto in cui Giuseppe (sì, lui si chiama così) si occupava della ricerca sull'Hiv/Aids e la leishmaniosi: e io sono un'infermiera pediatrica.

Sono arrivata a Humera, dicevo, e quasi non ci credevo. Un aeroporto vuoto, da un lato e dall'altro le montagne a separarci dall'Eritrea e dal Sudan.

Quattro ore di macchina per arrivare ad Abdurafi, quattro ore di polvere e caldo, e campi di sorgo, e cammelli, e strade che io non vedo, ma che l'autista ha imparato a riconoscere, in mezzo ai sassi e alla sterpaglia. E al deserto.

L'ho anche chiamato, appena arrivata. Italiano com'è, so benissimo che si stava preoccupando per me.

È venuto anche lui, dieci giorni più tardi. Non dopo avermi chiamato qualche volta sulla radio. Non sarà mica troppo geloso?

Eccoci qui ora. Lui a lavorare sul progetto di ricerca, in giro col portatile a scrivere procedure, scaricare mail, leggere articoli. A volte anche un giorno intero, sotto il sole che picchia a più di quaranta gradi, per trovare l'attimo giusto in cui il telefono satellitare gli consente di inviare una mail.

Io, nella clinica di MSF, a occuparmi di malati di leishmaniosi, di tubercolosi, di malaria e di Hiv/Aids. Aiuto un bravissimo medico irlandese, Mary, che lotta per tentare di dedicare lo stesso tempo a tutto e a tutti.

Ripartiamo tra due giorni, è quasi Natale, io devo tornare a casa, Giuseppe ha degli incontri ad Addis Abeba, per l'approvazione del protocollo del progetto.

Vorrei sentire di più l'atmosfera natalizia, ma è difficile quando fuori ci sono quarantacinque gradi, e si è al lavoro tutto il giorno. Torno stanca e vado a dormire, e di nuovo mi alzo presto la mattina per andare in clinica. Vorrei comprare dei regali, ma non si trova molto qui al mercato.

Accidenti, hanno appena portato un bambino di pochi mesi, è grave, fatica a respirare. Aiuto Mary con il respiratore manuale, il piccolo sta un po' meglio.

Ma non riusciamo a staccarlo dal ventilatore: un'intossicazione, forse una setticemia, non lo so.

Dobbiamo usare il ventilatore meccanico. Il piccolo sta meglio, riesce a respirare, i genitori sono spaventati, ma più tranquilli.

Speravamo di riuscire a staccarlo quanto prima, ma non è possibile.

Il bambino non è in grado di respirare da solo quando togliamo la mascherina. Dovremmo trasferirlo, ma non reggerebbe un viaggio in macchina fino in ospedale.

Jean-Paul, il logista, ha voluto incontrarci tutti. Ci ha spiegato che non possiamo fare andare avanti il gruppo elettrogeno all'infinito, si romperà. E se si rompe, la clinica resta senza corrente. Al confine tra Etiopia e Sudan. A sei ore di macchina dalla città più vicina, Gondar. Abbiamo deciso tutti insieme di continuare con la ventilazione fino a mezzanotte. Poi di spegnerla.

Ora sono qui nel letto che non riesco a dormire, e non riesco a far dormire neppure Giuseppe. Conto i minuti, forse lo hanno già spento, no, ecco, sento ora il rumore della macchina che si ferma. Conto i secondi, un minuto, poi un altro. Sento bussare al cancello, corro fuori dalla stanza senza scarpe.

Dall'altro lato del cancello sento già le grida di dolore e il lutto che inizia. Arrivo nella corsia, i parenti mi abbracciano. Io non riesco a fermare il mio pianto.

E corro indietro, ritorno nella stanza dove c'è Giuseppe, lo guardo.

La guardo, piange e mi abbraccia e piangiamo entrambi. Si calma.

Accidenti al caldo, alle zanzare, alle lacrime, e a chi ha deciso che dobbiamo essere noi a prendere decisioni così difficili.

L'abbraccio. Si addormenta, sfinita.

Gibuti

Daniela Oberti
infermiera

Ciao cari colleghi,

ormai sono tre settimane che mi trovo a Gibuti e il tempo sembra proprio volare.

Le novità, le conoscenze, le curiosità riempiono le mie giornate.

Ho talmente tante cose da raccontarvi che non so da dove cominciare.

Inizio dal primo impatto. Appena scesa dall'aereo mi è sembrato di sbarcare sulla luna: sabbia, sassi, roccia e un caldo torrido.

Gibuti città è un insieme di ricchezza e miseria allo stesso tempo.

Vi abitano dai trecento ai settecentomila abitanti; le stime sono molto vaghe poiché è un continuo crocevia di migranti.

Molti sfollati provengono dall'interno del paese, scappano dal deserto alla ricerca di fortuna nella capitale; alcuni rifugiati arrivano dalla Somalia e dall'Etiopia, altri sono arabi e yemeniti. Vi sono anche militari europei, americani e giapponesi. Il Gibuti è infatti situato in un punto strategico per la sorveglianza dei commerci navali del Mar Rosso, per il controllo della pirateria e del movimento terroristico arabo.

Vi sono ville arabeggianti, alberghi di lusso con piscine sul mare, ma poco lontano tante baracche.

Nel centro si trovano supermercati dove si può acquistare di tutto, dalla pasta Barilla all'acqua San Pellegrino, ma i prezzi sono esorbitanti. Tutto viene importato, perché a Gibuti non si produce niente e il tasso di disoccupazione si aggira intorno all'ottanta per cento.

Insomma per chi può permetterselo (pochi) c'è tutto, per chi non può (molti) non c'è niente.

È facile incontrare persone e animali che cercano cibo tra i rifiuti ai bordi della strada, famiglie che vivono in ripari fatti di cartone, stoffa, lamiere.

L'anno scorso il governo del Gibuti ha richiesto l'intervento delle organizzazioni umanitarie per rispondere all'emergenza nutrizione, purtroppo ormai cronica. MSF ha risposto a questo appello e collabora con il ministero della Salute per la cura dei bambini malnutriti dai sei mesi ai cinque anni.

In particolare, MSF appoggia sei dei dieci centri di salute della città e ha aperto un Centro terapeutico intensivo, ovvero due tende per ospedalizzare i bambini malnutriti con complicazioni gravi.

A Gibuti ci sono due ospedali "pubblici", ma in realtà le cure sono a pagamento e molto care.

Oggi sono stata a fare una valutazione dei tassi di malnutrizione nel quartiere di Tora Bora.

Alle sei e mezzo mi ritrovo con i due promotori della salute del quartiere di Balbala 1, Ibrahim e Hawa: esperienza da una parte e grinta dall'altra. Sono una coppia di colleghi seri e affiatati, insomma come degli "instancabili-muratori-bergamaschi"!

Ci allontaniamo dalla strada principale e ci troviamo su una strada ben asfaltata a quattro corsie. È la via che conduce alla residenza presidenziale e che viene utilizzata solo una volta all'anno in occasione della parata militare per la ricorrenza dell'indipendenza dalla Francia ottenuta nel 1977.

Su questa strada dormono molti uomini, ormai sono quasi le sette ed è l'ora del risveglio. Camminiamo oltre, in lontananza si intravede qualche tenda e sullo sfondo un cimitero di auto e camion arrugginiti.

Arriviamo in una zona che pensavo abbandonata.

Incontriamo le abitazioni. È incredibile come in questo posto ogni scarto di lamiera e cartone, copertoni, reti, materassi diventi parte fondamentale di una tenda, di un mobile o di un attrezzo quotidiano.

Qualche esile capra rovista affamata nella terra coperta di sassi, immondizia e ferraglia.

Non c'è elettricità, non c'è acqua. Per chi vuole, in realtà per chi se lo può permettere, l'acqua viene portata da un camion cisterna una volta alla settimana, ma è molto cara.

All'improvviso, il cielo viene attraversato da aerei caccia militari che fanno fischiare i timpani. I bambini non si spaventano né piangono, sono semplicemente abituati.

Cominciamo lo screening della malnutrizione a ogni bambino che incontriamo facendo un porta a porta tra le tende. Rileviamo la circonferenza brachiale con lo strumento adeguato (MUAC) e verifichiamo la presenza di edemi bilaterali.

Sono le dieci e mezzo, il sole è cocente: abbiamo finito il giro di Tora Bora. Facciamo una piccola pausa e ci dirigiamo verso l'ambulatorio, dove ci aspettano l'infermiera locale e le mamme con i bambini che avevamo visitato perché malnutriti o malati. Rileviamo peso e altezza, eseguiamo la visita, distribuiamo medicinali e Plumpy nut* gratuiti e approfittiamo per fare educazione sanitaria.

La giornata è finita. Sto leggendo un libro, l'incipit recita:

Se sei felice
l'unica cosa che ti manca
è la felicità altrui.

* Una crema composta da latte e burro di arachidi con l'aggiunta di tutti i micronutrienti essenziali per curare la malnutrizione acuta grave. [*N.d.R.*]

Ma come si fa a soddisfare la felicità altrui?

Vorrei risolvere tutti i piccoli problemi che incontro ogni giorno e invece mi sento incapace e frustrata. Vorrei dire di sì a quel padre che mi chiede con gli occhi lucidi di lavorare per MSF, a quella mamma incinta che mi chiede di poter entrare anche lei nel programma che si occupa di malnutrizione perché non può comprarsi da mangiare, a quegli uomini scarni e mezzi nudi che chiedono l'elemosina per la strada.

Ma anche se rispondessi sempre positivamente, quante altre persone ci sono a cui bisognerebbe dare un aiuto?

E quante altre bidonville ci sono nel mondo come questa?

Guatemala

Maria Cristina Manca
antropologa

Oggi ho fatto l'ultima intervista. Ho spento il registratore e accompagnato all'uscita del centro di salute una giovane madre con sua figlia, una ragazzina imbronciata con una maglietta colorata da cui spuntava un bel pancione di sette mesi. Le ho guardate allontanarsi e mi sono accesa una sigaretta vicino all'uscita, sotto lo sguardo vigile dell'autista che mi aveva accompagnato e che, come sempre, seguiva tutti i miei movimenti. Ho trattenuto a stento le lacrime osservando la vita della città, senza poter partecipare a essa come mi piacerebbe fare. Niente autobus, niente mercati, nessuna passeggiata: la violenza avvolge e schiaccia questa città dai mille volti e dalle tante contraddizioni. Eppure di interviste ne ho fatte tante, però ce n'è sempre una che colpisce più delle altre, una storia nella quale forse ci si immedesima un po' troppo oppure semplicemente una frase messa lì per caso, in mezzo ad altre, che illumina il filo rosso cercato invano per settimane analizzando tante testimonianze di donne, uomini, ragazzi che vivono nelle due zone più pericolose ed emarginate della città. La ragazzina imbronciata ha sedici anni, ed è rimasta incinta dopo una violenza sessuale durante il suo secondo sequestro; ha deciso di tenere la bambina e di accettare l'aiuto dei genitori per crescerla e il sostegno di una delle psicologhe di MSF. Tra la tristezza e la rabbia della giovane che ha dovuto lasciare la scuola e rinunciare ai suoi progetti, è chiara l'ingerenza della madre che la rassicura e le ricorda che un figlio è sempre un regalo di Dio, una fortuna, che tutti insieme ce la faranno, che deve ringraziare Dio per essersi salvata da due sequestri ed essere viva.

Fumando e guardando vivere la città, le centinaia di pagine di interviste sbobinate mi sono turbinate davanti agli occhi, le frasi sottolineate, i punti interrogativi a margine e ho chiaramente intuito la risposta alla domanda che MSF mi aveva fatto: ma perché non tutte le donne sopravvissute a una violenza sessuale cercano aiuto medico e psicologico? Perché non la considerano né una priorità né un'emergenza. E poi perché vivendo in un contesto così rischioso il problema principale è perdere la vita o impoverirsi ancora di più, perché la maggior parte delle violenze avvengono in ambito familiare e le donne non hanno la forza (economica, sociale, emozionale) per rispondere e i giochi di potere del compagno e della suocera le schiacciano, perché se la violenza è avvenuta per la strada può esserci di mezzo una *mara* (gang giovanile), oppure il narcotraffico. Perché le donne hanno paura, paura che possa succedere qualcosa di molto peggio di una violenza sessuale: una vendetta verso qualche membro della famiglia che potrebbe essere torturato e ucciso, la perdita dei figli rapiti o ammazzati, paura di non essere creduta e cacciata di casa.

Le parole della ragazzina imbronciata mi hanno suggerito il punto di partenza per l'analisi senza sollevarmi da tanta tristezza. Sarà che ho una figlia poco più grande di lei e ho pensato che le sarebbe potuta accadere la stessa cosa, sarà che pensare che in Guatemala, così come in un'altra grossa fetta di mondo, il problema principale sia la mancanza di possibilità e di libertà individuale per poter cambiare il proprio destino e scegliere il proprio futuro, è ciò che continua a tormentarmi; e a darmi ogni volta la spinta per fare le valigie e partire, per raccogliere storie di malati e delle loro patologie, di sofferenza, di violenza, di morte, per analizzarle e raccontare come va il mondo, per proporre soluzioni, o almeno provarci, per battermi con MSF a suon di penna o allegati word, per un diritto alla salute al di là del genere, dell'età, dell'origine e della provenienza.

Haiti

Saverio Bellizzi
epidemiologo

Mi piace conoscere la storia, mi incuriosisce. A volte, anche solo sapere cosa è successo proprio in questo medesimo giorno cinquanta, cento o addirittura mille anni fa, mi affascina, mi fa scoprire pagine nuove.

Il 12 gennaio, per esempio, sono successe tante cose. Nel 1848, a Palermo, era iniziata la rivoluzione siciliana contro Ferdinando II di Borbone. Il quale, ironia della sorte, era nato proprio il 12 gennaio del 1810. Non il migliore dei modi per festeggiare un compleanno.

Io però non sono nato il 12 gennaio, e non è della Sicilia che voglio parlare.

Il 12 gennaio del 2010, su un'altra isola, sono morte almeno centomila persone in pochi minuti. Alcuni dicono trecentomila, altri cinquantamila, difficile dirlo con precisione.

Ma io non ci sono su quell'isola. Dormo tranquillo in un piccolo appartamento nel centro di Bruxelles.

Non posso sapere, quindi non riesco a comprendere il trambusto del giorno successivo, nella sede della sezione belga di Medici Senza Frontiere.

Mi spiegano.

Vedo tanti amici e colleghi partire, abbracci e strette di mano, ma non io. Ho un altro lavoro da seguire, altri progetti e ci sono viaggi di lavoro in Etiopia, Sudan e Pakistan già programmati.

Vedo immagini terribili che si catapultano dallo schermo, mi arrivano voci di amici e racconti di momenti difficili.

Passano tre mesi.

Mi arriva una telefonata, c'è bisogno di qualcuno che sostituisca un collega per almeno un mese. C'è bisogno di un supporto al coordinatore medico per i nuovi progetti avviati da MSF su quell'isola: Haiti.

Tre settimane, ed è il 30 di aprile, e io sono sulla scaletta di quell'aereo che dall'aeroporto di Pointe-à-Pitre, in Guadalupa, mi porterà a Port-au-Prince. Mi giro attorno a guardare, neanche una nuvola, solo palme e profumi di spiagge bellissime. Un paradiso. Un attimo, e poi le porte dell'aereo si chiudono.

Cosa mi aspetterà ad Haiti? So benissimo che c'è stato un terremoto devastante, ho visto e rivisto le immagini in televisione, ma cosa succede quando le scosse finiscono? Voglio dire, quando i morti sono stati seppelliti, tutti insieme e di corsa, perché non c'è tempo per lacrime e lutti, cosa succede ai vivi, ai sopravvissuti? Alle trecentomila persone ferite, o al milione di senza tetto?

Io non lo so, e me lo chiedo mentre guardo giù dal finestrino dell'aereo, le mie speranze riflesse nel mare da cartolina azzurro cielo.

Per un attimo stranamente ho paura, spero che per magia tutto sia più *"pulito"* delle immagini che ho visto.

Ma non lo sarà.

Chiudo gli occhi, forse per aver visto troppo, e li riapro.

Fa caldo, tanto caldo, e io sono in uno stabile enorme: uno dei miei compiti è fungere da supporto epidemiologico ai tre differenti progetti che MSF ha avviato nell'area.

Sono appena entrato, e ho già voglia di uscire di nuovo. Cammino tra file di letti, come mi è già successo molte volte in ospedale. In tanti ospedali. In fin dei conti lo so fare, è il mio mestiere.

Qui, non ce la faccio.

Ci sono più di trecento persone, che sono sì sopravvissute al terremoto, ma che hanno dovuto pagare un prezzo molto alto. Molti non potranno più correre, quasi nessuno potrà più lavorare.

MSF è qui con due sale operatorie che lavorano a ritmo continuo.

Ci sono colleghi che hanno imparato a convivere con la fatica e la frustrazione, amici che hanno imparato a camminare tra quelle due file di letti. Ci sono lacrime e sorrisi.

Poi ci sono io, che dovrei venire in questo progetto due volte a settimana, per raccogliere dati e aiutare a fornire un quadro più chiaro della situazione.

E infine c'è Lei.

Lei mi viene incontro il primo giorno, la prima volta in cui varco la soglia del progetto. Mi sorride, ride, mi guarda, se ne va. Ritorna, sorride, riappare da un altro lato.

Io la guardo. Lei non appartiene a uno dei letti. O forse sì. È la figlia di uno dei pazienti. Il suo papà ha perso una gamba e lei la sua mamma.

Ritorno dopo tre giorni, e riappare ancora Lei. Mi sorride, mi guarda, è incuriosita, vuole capire, vuole giocare. Forse nessun altro ha tempo per giocare con Lei, o voglia, o gambe, o tutte e tre insieme.

Vorrei ricordare il suo nome, o forse non me l'hanno mai detto. Eppure Lei riappare per sorridermi e giocare con me tutte le volte. Ogni volta in cui torno.

Il mio lavoro finisce presto, e ritorno per salutarla, devo andare via. Mi sorride, ed è una situazione difficile da immaginare nel luogo in cui siamo.

Un secondo, e mi ritrovo a guardare la mia e la sua immagine a bordo dell'aereo che mi riporterà a Bruxelles. Sono contento di essere riuscito a catturare l'attimo, mi piace fare delle belle foto.

Ripenso a Lei, mi chiedo dove sarà ora, e se posso portare via con me la speranza che Lei potrà giocare e fare i compiti e correre in bici e piangere e ridere e gridare e fare i capricci, proprio come una bambina normale. In fin dei conti, la speranza cos'è, se non un sogno fatto da svegli?

Io credo che la speranza sia giocare a nascondino in mezzo a trecento amputati.

Le porte si sono chiuse, e io sono di nuovo solo. Lo sono sempre stato, per la verità. Un po' mi fa paura.

Partiamo.

Haiti

Claudio Bertoldo
logista

Sono quasi le sei del mattino e mi sveglio ancora una volta prima che il cellulare suoni. Ormai accade abitualmente; la sera un po' per la stanchezza, un po' perché non c'è molto da fare, si va a dormire con le galline e le ore di sonno, un sonno duro e pesante come un sasso, bastano a ricaricare le batterie.

Mentre mi lavo i denti con il filo d'acqua che scorre dal rubinetto mi viene in mente la scena a cui ho assistito qualche giorno fa. Era quello che temevo di più quando ho iniziato a lavorare per MSF: incontrare e toccare con mano, in modo non mediato, a volte improvviso, la sofferenza, il dolore, la disperazione di coloro che vivono questi disastri.

Ero con Philippe, il mio collega belga, un ragazzone alto e allampanato con cui dovevo terminare un impianto elettrico e stavamo cercando una scala per raggiungere il soffitto. Ci indicano una specie di magazzino dove avremmo potuto trovare quanto serviva; entrando sento una sua esclamazione e seguendolo rimango attonito. Per terra, in un angolo, erano sistemati tre sacchi per cadaveri ermetici, utilizzati per sigillare i corpi di chi è deceduto nelle ore precedenti. Sopra di essi era sistemato un bambino di due o tre anni, anch'esso morto presumibilmente nella notte. Nudo, abbandonato, senza che nessuno avesse provveduto a lui in qualche modo. Ci siamo allontanati senza sapere cosa fare, se non cercare di reagire come potevamo a quel tangibile, doloroso richiamo alla realtà che ci circondava da giorni e che cercavamo di affrontare con il nostro lavoro.

Stamani ci attende un'altra giornata impegnativa, dove le priorità cambiano di ora in ora e la flessibilità è la regola. Occorre allestire in un prato della periferia cittadina, nel minor tempo possibile, un Centro per il trattamento del colera (CTC) in grado di accogliere e trattare quattrocento persone. Dovremmo farcela in una settimana o poco più.

Alle sette di mattina, nel cortile della casa, ci attendono gli autisti che ci condurranno in convoglio sino al quartiere di Sarthe, sito dove è in allestimento il nuovo centro. Le precauzioni di sicurezza, aumentate in questi giorni di elezioni presidenziali, sono stringenti e talvolta commentate con un po' di sarcasmo; ovviamente la consapevolezza della loro necessità induce tutti ad attenersi alle indicazioni.

Impieghiamo circa un'ora per raggiungere la nostra destinazione. La città è ancora piena di macerie e di campi di accoglienza improvvisati dove gli sfollati continuano a vivere ancora, dopo dieci mesi dal terremoto, sotto ricoveri fatti da tende ormai fatiscenti o semplici teli di plastica, con una densità e un affollamento impressionanti. In quei luoghi non solo non esistono le condizioni minime di vivibilità ma non c'è più dignità, pudore, umanità.

Le équipe di MSF sono affiancate da numerosi lavoratori locali, sovente giornalieri, falegnami, elettricisti, muratori, i veri artefici di quanto stiamo facendo. Spesso è la gente che abita nel quartiere che, priva di qualsiasi risorsa economica, coglie l'opportunità di lavoro data da MSF.

Ovviamente, sono molti più di quanti possano servire e a me tocca l'ingrato compito di fare l'appello mattutino di quanti saranno i fortunati che potranno ricevere un salario giornaliero.

Questo lavoro di "caporalato" mi lascia ogni giorno sempre più amareggiato.

In vista dell'ultimazione dei lavori di allestimento, è stato necessario ridurre il numero delle persone impiegate. La scelta di chi poteva ancora beneficiare di qualche giorno di paga mi pesava come un macigno. Poi mi ricordo come si sceglievano alle elementari i componenti delle squadre di calcio quando il numero dei candidati era superiore a quello richiesto: si recuperava una serie di stecchetti di due lunghezze e si facevano scegliere dal fascio chiuso in un pugno; i prescelti erano quelli che estraevano lo stecchetto più lungo (questo metodo mi dava una qualche possibilità di giocare: visto com'ero scarso nessuno mi avrebbe inserito in squadra).

La cosa più complicata è stata spiegare ai nostri giornalieri il sistema, dopo di che, fra le risate di tutti, sono stati sorteggiati quelli che si sarebbero presentati i giorni successivi. Conservo ancora il ricordo del buonumore, del sorriso a volte infantile di queste persone che di gioia ne hanno avuta ben poca; mi piace pensare che non la perderanno nonostante tutto e che potranno forse avere un motivo vero per essere contenti.

Il caso ha voluto che continuassi ancora a lavorare con Milord (sì, proprio così, sembra una beffa ma i nomi ad Haiti sono sovente particolari: Blanc, Dimanche, Normil, Petithomme, Roosevelt, Frantz, Himmler, Nelson e simili). Milord è un omone grande e grosso, abile carpentiere con il quale tra una sudata e l'altra si riusciva anche a scherzare. Pur sapendo benissimo il mio nome, mi ha sempre chiamato Mon Blanc. Non ho mai capito se era implicita una presa in giro oppure no.

Durante il tempo che impieghiamo a rientrare vediamo ancora una volta sfilare nella semioscurità la desolazione di questa povera città: mucchi di macerie, cumuli di immondizia mai rimossa in cui razzolano maiali, polli, capre, cani, talvolta bambini, ruscelli di liquami indefinibili dove mi pare di vedere i batteri del colera in attesa di una preda.

Le uniche isole illuminate, sopravvissute o ricostruite dopo il terremoto, sfavillano nel buio: le stazioni di servizio e i supermercati dotati di generatori autonomi. Mi lasciano un senso di amaro in bocca.

Haiti

Jacopo Pigliapochi
responsabile approvvigionamento dell'acqua

Ciao a tutti come va?

L'inizio non è stato dei più rosei. Partito con l'idea di giocare al nuovo Dominique Lapierre in *La città della gioia* versione caraibica, mi ritrovo immerso nelle regole della grande struttura di MSF: essere un piccolo ingranaggio di una grande macchina che lavora per un grande scopo, che però devi spesso andare a ricercare per ricordarti cosa sei venuto a fare all'altro capo del tuo mondo.

Dal primo momento che sono atterrato, Port-au-Prince mi ha stregato e vorrei provare a spiegarvi il perché.

Per recarmi al lavoro percorro ogni mattina in macchina un tragitto di circa venti minuti, a seconda del traffico. Un momento che aspetto con ansia perché la capitale haitiana si mostra ai miei occhi, e ogni giorno mi cattura, mi sciocca, mi coinvolge.

Port-au-Prince è una città che a sentirla raccontare non ci credi.

Per tutta la sua estensione, in ogni quartiere, che sia residenziale o il più povero e malfamato, la gente "vive la strada". Non solo perché letteralmente gran parte della popolazione non avendo alcuna casa dove poter dormire vive in strada, ma perché la strada è veramente il centro delle attività della maggior parte degli haitiani. La strada è vitale.

La strada è un brulicare di bancarelle costruite con pietre e pezzi di mattoni. Gli ombrelloni rattoppati fungono da copertura, e il tutto è tenuto insieme da rimasugli di spago.

Sempre per strada, giovani venditori di sacchetti d'acqua rischiano la vita ogni giorno fiondandosi in mezzo al traffico haitiano alla caccia di clienti a cui offrire un po' di refrigerio solamente per racimolare qualche spicciolo.

Il traffico haitiano è una bestia che spesso non perdona. Un inferno costituito in gran parte da grandi camion traballanti e stracarichi, Land Cruiser delle ONG e dai famosi "tap tap".

Qualche parola in merito al tap tap perché ne vale la pena.

Il tap tap è il solo, o almeno il più utilizzato, mezzo pubblico ad Haiti. Un tap tap lo riconosceresti tra un milione di veicoli. Si tratta di una sorta di pick up, dove sulla parte posteriore è stata saldata una gabbia a mo' di cabina. La gente vi sale e viene scarrozzata per percorsi predefiniti che l'autista comunica, rimanendo alla sua postazione di guida, con semplici gesti della mano, ma che solo un vero haitiano può capire.

Gli haitiani hanno una predilezione per l'arte e gli ornamenti per cui il tap tap è dipinto con mille colori sgargianti. E le citazioni e i simboli religiosi sulla carrozzeria si sprecano: "Dieu est grand", "Jesulhomme est la vie", "Marantha" e tanti altri. Per adesso il mio voto va a un tap tap che mostrava sul parabrezza "Dieu est mon assurance" (Dio è la mia assicurazione).

Ma quanto detto sopra sulla vita della strada e sui tap tap, non rende ancora giustizia alla definizione "vivere la strada".

Non si tratta solamente del traffico, dei venditori d'acqua, delle bancarelle, delle donne intente a trasportare carichi pesanti sulla testa alla maniera africana, degli uomini che spingono carri in legno stracolmi di ogni tipo di materiale e dei tap tap.

La gente vive la strada perché molto spesso è l'unico luogo che gli è rimasto dove vivere. Allora la doccia che tutta la famiglia fa per strada, utilizzando la falla di una tubatura dell'acqua, diventa un gesto normale e quotidiano. Gli haitiani tengono ad arrivare al proprio posto di lavoro lindi e profumati. Anche se passeranno la giornata a fare un lavoro di fatica, a contatto con polvere e materiale non proprio tra i più puliti, non ne troverai mai uno che si rechi al lavoro senza la maglietta o la camicia fresca di bucato e la riga nei pantaloni. Cucinare per strada con pentole rattoppate sotto a coperture di fortuna al mattino alle sette, prima di recarsi Dio sa dove, è un'abitudine normale e quotidiana.

La vita privata è così prossima alla strada che percorrendo con la macchina delle vie secondarie, si passa inevitabilmente davanti a qualche accampamento di tende e baracche di lamiera, legno e pochi stracci. I bambini mezzi nudi giocano tra loro noncuranti nelle viuzze e nei piccoli spiazzi non ancora occupati dalle tendopoli. Queste abitazioni sono così sul ciglio della strada che se ne può facilmente vedere l'interno stesso e il loro povero contenuto.

Per me Port-au-Prince si può tristemente riassumere nella foto che ho davanti agli occhi ogni mattina prima di recarmi al lavoro: uomini, donne giovani e bambini che si lavano e cominciano la giornata.

India

Martina Paesani
infermiera

Sto partendo! So che il mondo non si cambia, ma Margaret Mead dice: "Non dubitate che un gruppo di cittadini impegnati e consapevoli possa cambiare il mondo: in effetti è solo così che è sempre andata". L'appartenenza a MSF mi porta a pensare di avere la possibilità di poter fare qualcosa. Si entra in contatto con mondi e stili di vita con aspetti e punti di vista da noi ormai dimenticati. Ma come poterne fare a meno? Durante la mia prima settimana di missione ho provato un senso di terribile inadeguatezza. Dove sono finite le parole del pilota, seduto accanto a me in volo da Nuova Delhi a Dibrugarh, che mi hanno tanto confortato: "Se sarai cortese con la gente di Mon questa ti amerà cento volte tanto...", poi, "alla gente di Mon non devi dire cosa deve fare, devi dimostrare l'efficacia del lavoro; allora, e solo allora, svolgerà volentieri il suo compito e per lungo tempo". Ma è difficile inventarsi una vita, un lavoro, un gruppo. So che i primi giorni sono i momenti più importanti e preziosi, perché da lì dipende tutto: gli occhi, le orecchie, la testa e il cuore hanno elaborato molto in quei giorni di reciproca conoscenza.

Durante una passeggiata con la splendida Ciuli Kanky (nomignolo nagamese della responsabile della finanza di MSF) e Aman (vicino di casa) ho provato il piacere di trovarmi in quel luogo di colline verdi che ti portano con la fantasia fino all'Himalaia, fra caprette, galli e galline a razzolare tutt'intorno. Un piacere che fluttua tra i sorrisi e le grida (*foreign*) dei bambini e piante e orchidee e bouganvillee e hibiscus e panni stesi ovunque. Ecco questa è la città di Mon nello stato del Nagaland.

Improvvisamente una mattina, camminando verso l'ospedale, incontro la grazia. Mi rincorre per dirmi buongiorno, ha sei anni, gli occhi morbidi di velluto nero, scalza, il naso colante e uno scialle violetto, poi la incontro vent'anni dopo leggera e bella fra la polvere della strada. Qui povertà e sorriso vanno sempre a spasso insieme. Le case sono di vimini e bambù, le latrine ubicate fuori dalle abitazioni, senza acqua corrente e con continue interruzioni di elettricità. I bambini sono spesso ustionati per il settantacinque per cento del corpo a causa di incidenti domestici con acqua bollente. Vedo il viso aperto della gente semplice, gente che ha i piedi ben piantati per terra e che per la salvaguardia di questa natura continua a lavare i panni al fiume la domenica. Percepisco una grande serenità attorno a me. Non ricordo da quanto tempo non osservavo tutte le stelle che vedo qui. Potere dell'assenza dell'elettricità.

A due ore di cammino da Mon incontriamo Lengwa. Come non ricordare la spontaneità del maestro del paese, capace di raccontare la propria vita con l'incanto di chi sembra aver trovato qualcosa di speciale? Continuo a riflettere e in effetti dovrei imparare prima di insegnare, cercare di capire chi ho davanti prima di procedere con la supervisione del suo lavoro. Così come dovrei capire i feriti da arma da fuoco arrivati all'ospedale dopo tre giorni di cammino dalla Birmania (Myanmar), tre giorni a piedi durante i quali cinque di loro si sono fermati e non sono più ripartiti. Capire la politica è difficile dappertutto. Ma comprendo che in una cittadina sperduta nel bel mezzo del nulla, con venticinquemila persone che sopravvivono a suon di riso, tè nero sorseggiato in bicchieri di bambù, monsoni e tante risate e schitarrate in case di vimini, si trovano almeno quattro etnie diverse e cinque confessioni religiose con propri spazi dedicati al culto. Dalla stessa piazza si raggiungono il tempio induista e la chiesa battista. C'è l'usanza di stare tutti insieme e di chiacchierare mentre si mangia e di lasciar giocare fra loro i bambini in strada.

Queste persone mi affascinano e mi catturano, mi riempiono e mi insegnano qualcosa di sano, non misurabile con il nostro metro di giudizio, altrimenti non sarei qui a fare l'infermiera! Ricordo per esempio un uomo arrivato dalla Birmania, insieme alla moglie e al nipote di sette anni, per farsi operare di emorroidi, e portato direttamente in sala operatoria. Si può immaginare dopo tre giorni di cammino come si sta con le emorroidi? Lui non si lamenta, è sporco ma non ha un filo di cattivo odore, il suo viso è tutto tatuato, come usano fare ancora i vecchi cacciatori di teste dei villaggi. È ritto, fiero, straordinariamente normale. Poi ci sono le donne con cui lavoro, e in particolare una fra tutte: Alem. Suo nonno è uno di quelli tatuati a cui accennavo prima. Ha vent'anni ed è bellissima. Mi riempie di bustine di spaghetti secchi piccanti, biscotti al cocco, collanine fatte da lei, mollette per capelli. Sorride e canta sempre. La vedo arrivare al mattino, mentre ancora sbadiglio, pimpante e vivace con le sue tre ore di lavori domestici già sulle spalle: andare al fiume a prendere l'acqua e preparare la colazione ai fratelli solo per citarne alcuni. Non la sento mai lamentarsi di non poter studiare, di non poter viaggiare e conoscere quel po' di mondo che, anche grazie a noi, le è venuta voglia di visitare. La ricordo che corre a caricare il cellulare per farmi ascoltare, nei pochi e sporadici minuti di pausa dal lavoro, una canzone.

Questo e tanto altro è Alem.

India

Claudio Tommasini
logista

Sono le sei del mattino, siamo in macchina diretti a Dibrugarh, città dell'Assam che ha un collegamento aereo con Nuova Delhi, la mia destinazione momentanea.

Sono solo con l'autista.

Il trasferimento dura circa quattro ore, di cui almeno la metà lungo strade di montagna per niente comode.

La città è già sveglia, il mercato sta aprendo e la gente arriva con le merci dai villaggi vicini per scambiare o vendere quello che può.

Spesso portano solo legna e, dopo averla venduta, acquistano quel poco che riescono a comprare e poi ritornano al villaggio.

Passando vicino alla postazione della polizia, un rialzo circolare di un metro di altezza in mezzo a una rotonda, sovrastato da un ombrello di metallo per proteggere dal sole o dalla pioggia, secondo le stagioni, trovo la solita capra che mi guarda, indifferente a quello che la circonda.

L'altra postazione che si trova in città è sempre pattugliata da un cane nero che invece guarda il traffico, un poco più interessato, perché lì vicino ci sono i pochi banchi che vendono carne e lui aspetta che qualcosa cada per terra per contendersela con gli altri cani.

Mancano gli scolari che arriveranno più tardi, ognuno con la divisa della propria scuola, gonne per le ragazze, calzoni e cravatta per i ragazzi, tutti con la camicia bianca, ma con i propri colori dal maglione alle calze, per cui la città è una profusione di blu, marrone, nero o viola.

Qualcuno ha lo zaino come in Europa, ma la borsa più usata è quella naga, una tracolla coloratissima che tutti possiedono, ne ho una anch'io.

Dimenticavo, mi chiamo Claudio sono alla prima missione per MSF e lavoro come logista nell'ospedale della città di Mon che si trova nello stato del Nagaland in India. E mi fanno male i denti.

Questa è la ragione per cui mi trovo in macchina, devo andare a Nuova Delhi per un controllo, il terzo, e sono veramente preoccupato di cosa sarà di me.

Sto salutando le montagne che circondano la strada e penso ai mesi che ho trascorso nel progetto; ho paura che se non si trova la soluzione verrò rimpatriato; ma non voglio, ho già perso troppo tempo con questi maledetti denti!

E pensare che prima di partire dicevo a tutti "non preoccupatevi, vado nel solito posto strano e isolato ma questa volta non sono solo e sono con dei medici".

Prima di fare il logista per MSF ho fatto per oltre vent'anni il fotografo giramondo per i giornali italiani e, di solito, partivo da solo o con un giornalista.

Tutto è cambiato nell'ottobre del 2002 quando, in un incidente stradale, è morto mio nipote a soli ventitré anni. Allora, ho capito di non essere invincibile e invulnerabile e che quello che stavo facendo era troppo poco, per cui ho iniziato, nelle mie ferie, a fare il volontario per una piccola ONLUS della mia città, Trieste.

L'impegno è stato sempre più profondo fino a quando ho deciso di partire, nel 2010, per una missione di un anno nella foresta in Angola, capo progetto per costruire una casa laboratorio per la raffinazione del miele e iniziare il microcommercio del miele e delle candele nei mercati locali.

Tornato a casa, non riuscivo a sintonizzarmi di nuovo con i miei amici, arrivavo da un mondo a colori e pieno di odori, l'Africa. E, invece, mi sono ritrovato in un mondo fatto delle tonalità del grigio, la bella moda invernale, con degli amici che discutevano solo di mogli fastidiose, di bambini capricciosi, di macchine nuove, dell'ultimo cellulare, di tasse e di dove avrebbero trascorso le prossime ferie: l'Italia.

La quasi inesistente voglia di tornare nel mondo dell'editoria, costruito ormai più attorno alla vendita degli articoli che alla ricerca della notizia o della "bella" fotografia, mi ha fatto decidere di riempire il modulo online per MSF sfruttando il mio diploma di termotecnico e la mia esperienza nei paesi in via di sviluppo.

Ed eccomi qui in Nagaland a cercare di migliorare la situazione nell'ospedale della città di Mon.

Potrei parlarvi, come nel finale del film *Blade runner* "Ho visto cose che voi umani non potete immaginare", di persone che con solo uno scalpello e una sega costruiscono porte e finestre, di uomini che per trecento rupie (due euro) al giorno spaccano pietre con un martello per fare pietrisco perché costa meno che comperarlo, di donne che portano su per la montagna gerle che pesano il doppio del loro peso, di uomini che rimangono seduti per ore sulle ginocchia masticando il paan che rende il loro sorriso e la loro bocca rossa come il liquido che sputano dappertutto.

Dirò invece che ho finalmente trovato dei miei simili, persone che arrivano da tutto il mondo per il medesimo ideale e con i medesimi obiettivi, che non hanno paura se manca l'energia elettrica, il frigorifero non è pieno di ogni genere di leccornie o l'acqua per la doccia è il più delle volte freddina.

Un mondo fatto di riunioni, di verbali, di residui di cloro o di potabilizzazione dell'acqua, un mondo che mi ha messo di nuovo in discussione e mi ha fatto ricominciare con nuovi amici che spesso cambiano, come cambiano gli operatori, ma che non si fermano mai, così come la vita che sino alla fine è una scoperta e una sorpresa continua.

Finale della storia, non erano i denti a farmi male ma una bruttissima sinusite che ha colpito anche i denti più deboli; li avrei persi comunque prima o poi.

Dicono che il numero perfetto è il tre e tre sono i denti che ho perso in India. Due durante questa missione e uno durante lo tsunami nel 2004 per bruxismo notturno, per via di quello che vedevo durante il giorno. Li ho lasciati in giro per questo enorme paese, uno a Delhi, uno nell'Assam e uno nel Tamil Nadu, per cui mi sembra sufficiente.

Sono di nuovo in macchina, di nuovo su per le montagne, le mie paure sono svanite, sto tornando al progetto, sto tornando a Mon, sto tornando a casa!

Iraq

Giuliano Santagata
logista

Quando sono partito per Bassora, in Iraq, pensavo di portare una valigia di strumenti professionali maturati nel mio paese con la voglia e la volontà di metterli a disposizione di chi non ha avuto le stesse opportunità di crescita, adattandoli alle risorse scarsamente disponibili. Scoprire che la mia valigia si ingrandiva con altri strumenti ed emozioni, invece di svuotarsi, è stato uno dei motori che mi ha spinto a tornare in missione nonostante la durezza e la difficoltà del luogo, sia per quanto riguarda le attività che la vita di tutti i giorni.

La vera soddisfazione di un lavoro che non possiamo mai svolgere come vorremmo, a causa delle carenze di ogni tipo che incontriamo nei paesi dove operiamo, arriva dagli stessi beneficiari, i nostri pazienti. In realtà, nei mesi passati in Iraq ogni singolo evento positivo relativo alle nostre attività mediche è stato una grande vittoria etica e morale nonché una grande forma di insegnamento per noi, per il modo in cui quell'evento era stato raggiunto in un contesto tanto difficile e violento.

Dentro di me porto sempre i sorrisi, gli abbracci e i ringraziamenti dei bambini e degli adulti iracheni che abbiamo seguito, oltre agli occhi lucidi dei nostri medici internazionali e del nostro staff locale che, nonostante le difficoltà, hanno tenuto duro fino all'ultimo, impegnandosi in quello in cui hanno sempre creduto.

Italia – Mineo

Federica Bacciu
educatrice

Mineo è stata un'esperienza diversa. Per ognuno unica. Per tutti indimenticabile.

MSF ha prestato servizio con un progetto di salute mentale nel Villaggio degli Aranci, il Centro di accoglienza per richiedenti asilo (CARA) che ha ospitato circa duemila "migranti" in sosta forzata.

Famiglie, giovani, anziani, pachistani, togolesi, nigeriani, bengalesi ecc.

Li abbiamo accompagnati dal medico, a mensa, siamo stati con loro durante le lunghissime attese per una telefonata, la colazione, un paio di scarpe.

Abbiamo ascoltato le loro storie, le abbiamo condivise e vissute, supportate quando era necessario e abbiamo cercato un sorriso insieme.

Per la prima volta MSF ha lavorato con cinque educatori perché la "salute mentale" fosse un pezzo di strada percorso insieme, un po' di vita condivisa, non una terapia o una soluzione forzata.

Abbiamo voluto che ognuno si sentisse accolto e rispettato, come dovrebbe essere normale.

Sì, io a Mineo ci sono stata, sì proprio al Villaggio degli Aranci, o come è stato ribattezzato, il "Villaggio della solidarietà". Sì, ho visto dal finestrino dell'auto, ogni giorno per due mesi, i colori pastello delle case, di giorno, e le infinite luci, la notte, durante il viaggio di ritorno. All'ingresso ogni mattina ho visto la rete, il gabbiotto della polizia e ho dato il mio documento. Ogni giorno ho avuto la fortuna di entrare attraverso il grande cancello, e ancora più fortunata ogni giorno ho lasciato fisicamente il centro. Dico fisicamente, proprio perché a Mineo succede che la sera, quando sei stanca, sudata, bruciata dal sole, sai che non stai davvero uscendo. La notte chiudi gli occhi e come in un film psichedelico ti passano per la testa i visi delle persone che hai incontrato, ascoltato, guardato e la colonna sonora sono i tanti racconti e le tante chiacchierate che, fortunatamente e, ripeto, fortunatamente ho avuto la possibilità di ascoltare.

Io, nata in terra italiana, sono stata accolta nella multicomunità di Mineo. Attraverso le voci, i visi, le mille lingue ho viaggiato pur stando sempre nello stesso posto. Succede infatti a Mineo, che le persone ti conducano per mano, urlando silenziosamente: io sono Annie, io sono Mohamed, io sono Aboubu, io sono Grace. E poi, quando sei pronta a fare un salto verso il mondo dell'altro, vedi che nonostante tutto ogni donna, dopo la doccia, ama mettersi la crema indipendentemente dalla situazione, che a giocare a pallone o a cricket ci si diverte sempre anche se la porta è un cestino della spazzatura e il pallone è un po' sgonfio. Vedi che anche chi ha superato i quarant'anni è curioso come un bambino e ha tanta voglia di migliorare se stesso, e imparare l'italiano, sotto il sole, seduto sul tappeto con solo una penna e al massimo due fogli. Ho visto delle case, che sono tutte uguali architettonicamente, ma entrando ho sentito profumi diversi, osservato decorazioni differenti. Persino il modo di posizionare il letto era un chiaro messaggio per dire: io ho un nome, ho una storia, ho delle passioni e amo delle persone che a loro volta mi ricambiano. Io non sono un numero su un pass. Arrivati a Mineo comincia un altro viaggio. Come salire su un'altra nave, proprio come quella che fortunatamente non è affondata, e chi non è disposto a viaggiare insieme agli altri si arena lentamente. I visi si corrugano e le voci si fanno più flebili. Allora la casa diventa semplicemente una prigione abitata da un numero, il 2457. Ho bussato a tante porte, senza troppo disturbare, e ancora più spesso hanno bussato alla mia e, con pazienza, guardandoci negli occhi, ci siamo lasciati andare, e abbiano cominciato il "viaggio" così: "Io sono Federica, tu come ti chiami? Non ho bisogno di vedere il tuo pass, ho voglia soltanto di sapere come stai".

Eh sì, ho camminato tantissimo ma la suola delle mie scarpe è ancora nuova; per viaggiare ho usato solo i miei occhi e le mie orecchie e non posso negare di avere ancora tantissima voglia di ripartire ogni giorno.

Grazie a tutti.

Italia

Chiara Burzio
infermiera

Un respiro e via, premi il tasto con un dito e con un click invii la domanda che probabilmente ti cambierà la vita, che ti apre gli occhi a un nuovo mondo, che ti offre un diverso modo di lavorare, che ti mette di fronte a situazioni che, sdraiata sul divano, mai e poi mai vorresti vedere, affrontare, mandare giù e digerire, che ti regala tantissimi nuovi amici, che ti crea, ma solo se glielo permetti, una rete di conoscenze e amicizie che vanno dal Nord al Sud del pianeta, e che ti fanno sentire davvero un cittadino del mondo.

E poi le selezioni, l'ansia di non avercela fatta, la gioia di sentire dopo pochissimi giorni la voce di chi ti dice "Benvenuto tra noi collega!", l'estrema difficoltà nel prendere ardue decisioni, quelle che vanno contro ogni normale e misurato ragionamento sul proprio futuro, il grandissimo sacrificio che viene chiesto per inseguire il tuo sogno, il peso sul cuore nel momento in cui chiudi un importante capitolo della tua vita, le lacrime di addio che rigano il viso.

Ti giri e alle spalle trovi il tuo rassicurante passato mentre davanti c'è un nuovo e incerto presente. L'eccitazione dovuta alle nuove scelte, la paura di aver sbagliato, di aver intrapreso una strada che non fa per te e il senso di libertà che provi quando senti di avere davvero la tua vita nelle mani, di poter scegliere chi sei e cosa farai domani.

Sorrisi, lacrime di gioia o di dolore, occhi curiosi, occhi tristi, mani tese, timidi approcci e visi sfigurati dalla vita dura, dalla fame, dalla stanchezza, dal dolore. Bimbi che giocano nella polvere, bimbi coperti di polvere, bimbi sorridenti, bimbi timidi e bimbi impauriti, bimbi felici e bimbi pelle e ossa, bimbi sofferenti e bimbi che muoiono, forti vagiti che squarciano l'aria e vagiti che si fanno attendere per trenta minuti di rianimazione prima di annunciare al mondo che ci sei anche tu. Mamme sorridenti, mamme arrabbiate, mamme preoccupate, mamme sconsolate e mamme arrese. Colori, colori e colori, albe mozzafiato, tramonti stupendi, immenso cielo coperto di stelle, odori pungenti, odori sgradevoli e odori di umanità.

E poi tu che pensi a quel giorno che con un click hai inviato la domanda a MSF che ti ha cambiato la vita, che sorridi perché hai trovato il senso di te, il perché sei dove sei, il tuo posto nel mondo.

Vi auguro un felicissimo e super fortunato 2012 e soprattutto auguro a ognuno di voi di trovare il vostro posto nel mondo.

Vi voglio bene.

Italia – Valle di Gioia Tauro

Daniela Rossini Oliva
psicologa

Shakespeare scriveva nel *Macbeth*: "Date parole al dolore: il dolore che non parla bisbiglia al cuore sovraccarico e gli ordina di spezzarsi". Di lavoro faccio la psicologa clinica, e quando ho accettato di lavorare con MSF avevo già alle spalle diversi anni di lavoro non solo in Italia, ma anche all'estero.

Sono arrivata in Calabria il 26 gennaio 2009 per svolgere il mio lavoro di psicologa nel Progetto Stagionali di MSF a Rosarno. Un progetto con gli immigrati che vengono in questa regione durante i mesi invernali per la raccolta di mandarini e arance. Quando mi hanno proposto questo lavoro, ho pensato potesse essere più semplice di altre missioni, se non altro perché in territorio italiano, ma avevo ancora molto da vedere per poter cambiare idea! Inoltre era la prima volta che partivo con una organizzazione che si prendesse cura di procurarmi già un alloggio e che prevedesse la condivisione di una casa con il resto dello staff. Normalmente erano tutti aspetti ai quali avevo sempre pensato da sola, e inoltre non avevo mai condiviso il mio spazio con i colleghi di lavoro. Questa nuova dimensione lavorativa mi lasciava aperta a ogni giudizio, piuttosto curiosa di vedere cosa poteva succedere anche tra di noi! Così, quando sono arrivata, ho trovato un gruppo che era già lì da alcuni mesi: Saverio, medico capomissione, Fabiola, assistente sociale e Francesco, mediatore culturale, tutti italiani! Il mio compito, discusso con l'équipe prima della partenza, era quello di effettuare, per la prima volta, uno screening delle condizioni mentali degli immigrati presenti nei tre principali siti calabresi in cui MSF aveva già operato gli anni passati.

Questo per avere un quadro più ampio delle loro condizioni (non solo salute fisica o carenze materiali), ma anche per poter poi migliorare gli interventi da mettere in atto. Il nostro lavoro si è svolto nei tre siti dove si trovano prevalentemente gli immigrati, ubicati nella Valle di Gioia Tauro (RC):

La Fabbrica, nel territorio di San Ferdinando.

La Collina, a Rizziconi.

La Rognetta, a Rosarno.

La maggior parte degli immigrati che si trovano in questa zona sono "illegali", quasi duemila. Il sito più grande è quello della Fabbrica. Per capire meglio il contesto, nel 2008 il comune di Rosarno è stato sciolto per mafia e il sindaco è stato arrestato insieme a quello di San Ferdinando. Sono stati pertanto nominati tre commissari per Rosarno e uno per San Ferdinando.

Ogni anno, durante i mesi della raccolta, il numero degli immigrati presenti nella zona di Rosarno quadruplica, raggiungendo circa quattromila unità su una popolazione di quindicimila abitanti. Da alcuni dati del 2007, è emerso che solo la metà di essi lavora nella raccolta di agrumi, e di questi nessuno è provvisto di un contratto di lavoro. In questa zona gli immigrati lavorano in media due giorni a settimana e l'ottantacinque per cento di essi deve acquistare stivali e guanti da lavoro. Va ricordato che la Calabria rappresenta una tappa di transito quasi obbligata per gli immigrati appena sbarcati in Italia e che escono dai Centri di prima accoglienza.

La prima settimana di lavoro è servita per conoscere i luoghi e le persone. Confesso che non è stato facile, anche perché non avevo mai lavorato con gli immigrati "clandestini". All'inizio, come sempre, ho cominciato a fare i conti soprattutto con le mie emozioni, con le parti di me che si andavamo "muovendo" e mettendo in discussione. Ed è di questo che vorrei parlare perché, messo a fuoco questo, il lavoro poi è andato comunque avanti con le sue difficoltà e i suoi successi. Ho subito scoperto che inizialmente, vista più dall'esterno, tutta questa gente scatenava in me sensazioni contrastanti, da una parte la voglia di dire loro di tornarsene a casa propria, di non continuare ad accettare queste condizioni "disumane", di smetterla di aspettare che qualcosa possa cambiare, di finirla di pretendere da noi chissà che cosa, di smetterla di pensare che possiamo accoglierli tutti come una grande madre. Poi lentamente, grazie soprattutto all'ascolto lento e paziente delle loro storie, alla maggiore "prossimità", le cose, ma soprattutto le mie emozioni, il cosiddetto "controtransfert", sono andate cambiando di giorno in giorno. Ho cominciato invece a sperimentare un senso di impotenza, unito al desiderio di fare qualcosa di più per loro, per le loro vite, per i loro sogni infranti.

La cosa che più colpisce sono le condizioni di vita in cui vivono e di come, sebbene "dentro casa nostra", siano privi di adeguate condizioni igienico-sanitarie e di un tetto "vero" sotto cui ripararsi, senza doccia, senza cucina, allestiti alla meglio, pieni di roba rotta raccolta vicino ai cassonetti, di cose che noi scartiamo ma che lì, nelle loro finte case, assumono un'importanza enorme. Carrozzelle sgangherate usate per trasportare taniche d'acqua che poi scaldano sul fuoco per lavarsi in docce improbabili fatte con lamiere o mettendo insieme altri materiali in disuso. Stanze inventate con cartone, lamiere, dove vivono in tanti, l'uno ammassato all'altro. E il racconto potrebbe continuare a lungo, ma non renderebbe comunque l'idea che solo gli occhi in questi casi possono darci. E poi i racconti sono privi di odore, di puzze, di quegli effluvi che ti restano addosso e che insieme alle immagini fanno sì che tutto ti entri dentro e vi resti, vi resti nel tentativo di trovare un senso, un posto, qualcosa che permetta di dare un significato a tutto ciò. Sono queste le emozioni con le quali all'inizio ho dovuto fare i conti. Poi lentamente tutto ti entra dentro e le urla che inizi a sentire cambiano, perché nasce e cresce il desiderio di fare qualcosa.

È stato molto interessante vedere anche la loro reazione: non erano abituati all'idea che si potesse aiutarli non solo materialmente, ma anche dando ascolto al loro dolore. Sembrava così inusuale che qualcuno si potesse interessare alle loro emozioni! In questa fase è stata fondamentale la figura del mediatore culturale, il nostro amico Oussein, che viene visto "come uno di loro", poiché viene dal Burkina Faso, parla il bambarà ed è arrivata in Calabria circa dieci anni fa. Oussein, oltre ad averci aiutato durante tutta la fase di lavoro, mi è stato particolarmente utile perché mi ha insegnato tante cose riguardo alla loro cultura, mi ha permesso di "avvicinarmi" molto al loro mondo e soprattutto al loro modo di pensare e di sentire. Credo che senza tutto questo sarebbe stato impossibile cogliere gli aspetti più importanti di questa esperienza. È, infatti, impossibile effettuare qualsiasi tipo di intervento senza tenere conto della cultura di ciascuno di loro, che fornisce una chiave di lettura per capirne i comportamenti e le reazioni.

Italia – Mineo
Agli amici e studenti

Giordano Ruini
educatore

Amici miei,

il PerCorso* che abbiamo condiviso insieme è stato qualcosa di più e di diverso di un normale Corso di italiano per stranieri.

Il PerCorso si inseriva nel progetto educativo di Salute mentale di Medici Senza Frontiere – Missione Italia, e l'obiettivo era quello di migliorare le vostre condizioni, in quanto ospiti del CARA di Mineo.

Mi sentivo immerso in una sorta di non-luogo a me

* I PerCorsi di Lingua sono nati con l'intento di mettere nelle mani dei ragazzi uno strumento di espressione: imparare a nominare le proprie emozioni oltre che apprendere parole per comunicare, sopravvivere.

Li abbiamo chiamati PerCorsi perché non volevamo insegnare la lingua italiana.

Li abbiamo chiamati PerCorsi perché la strada l'abbiamo costruita insieme, educatori e ragazzi, scegliendo le stazioni dove fermarci e le porte in cui entrare: imparare a riconoscere le parole per non avere paura, i verbi per orientarsi, per sapere dove e come andare, descrivere il proprio lavoro e farsi forti raccontando ciò che si sa fare e quindi, spesso, chi si è.
Alla fine i ragazzi ci hanno raccontato il loro viaggio: paura, spavento, straniero, casa, famiglia lontana, rumore del mare; parole che hanno espresso per alcuni la fine di un sogno, per molti, speriamo, l'inizio di un nuovo percorso. [*N.d.A.*]

sconosciuto, e ho impiegato un po' di tempo per capire le leggi e le dinamiche che regolano la vita del campo.

Cosa potevo fare per degli esseri umani che, dopo viaggi pericolosi ed esperienze traumatiche, si trovavano improvvisamente, con un numero di pass assegnato, in un posto nuovo, senza avere delle indicazioni sulla loro permanenza, senza riuscire a comunicare in modo efficace, passando la giornata aspettando tra file alla mensa o all'ambulatorio?

La fiducia che è stata riposta in me, dal punto di vista professionale e umano, mi ha permesso di elaborare un percorso che, partendo dall'insegnamento della lingua italiana, non perdesse di vista il concetto più ampio di salute mentale e mettesse al centro l'Umanità, il riconoscimento consapevole delle proprie emozioni e la capacità di mettersi in gioco e di raccontare se stessi.

Dato l'elevato numero di "studenti", vi ho diviso in due classi, proponendo ad alcuni di voi di provare a scrivere e a raccontare in italiano il vostro "viaggio", il percorso dalla vostra terra a questa nuova e ancora sconosciuta.

In realtà ho chiesto solo una cosa: "Siate voi stessi, siate sinceri, non c'è nessuna commissione che vi giudica e che vi comunica se avete diritto all'asilo politico".

C'è voluto un po' di tempo, ma mi avete accordato una fiducia preziosa e indimenticabile.

Mi avete raccontato di voi, delle vostre terribili storie quotidiane, mi avete parlato delle vostre famiglie e dei vostri figli lontani, delle situazioni sociali e politiche dei vostri paesi che avete lasciato in lacrime.

Avete scritto la vostra storia sul tovagliolo della mensa con una calligrafia nobile, mi avete chiesto una biro e un foglio che non avevate, mi salutavate con rispetto e simpatia: "Ciao Maestro!", mi avete fatto arrabbiare e mi avete fatto ridere.

Mi avete reso orgoglioso del mio lavoro, cosa oggi molto, molto difficile e preziosa.

Dove siete adesso?

Dove sei Z.W., tu, osservante musulmano che insistevi per pulire la stanza alla fine delle lezioni in segno di rispetto per il tuo maestro?

Dov'è A., il pachistano più bravo della classe? Ricordo il nostro pianto quando la commissione ha rifiutato la tua domanda per il diritto d'asilo.

Dov'è P., che rimaneva un'ora dopo la lezione per farmi spiegare ancora tutte le parole che avevo scritto alla lavagna?

Dove sei A.? Spero tu ti sia ripreso dalla notizia della scomparsa di tuo fratello, lasciato morire in una prigione etiope.

E dov'è D., che si descrive "sono alta, buffa, furba e di color cioccolato", e T. che si presentava con "io sono bello e senza i denti davanti", dove siete?

Con alcuni di voi sono per fortuna ancora in contatto, so che qualcuno sta cercando lavoro in Italia, qualcuno è andato a Malta, con altri ci siamo sentiti su Facebook. Ma ho perso le tracce di molti di voi.

Non so cosa vi abbia insegnato io, ma so cosa mi avete insegnato voi.

Ho imparato che per un immigrato provare a entrare in Italia per vie legali è impossibile, ma non lo è invece per vie impervie e mettendo a rischio la propria vita. Costa su per giù intorno agli ottomila euro, ma senza la certezza di rimanere perché poi, magari, si viene rimpatriati.

Ho imparato che dal Pakistan devi rivolgerti ai trafficanti, viaggiare sempre di notte in bus per non farti beccare, attraversare l'Iran, la Turchia, la Grecia, per poi arrivare a Patrasso ed essere stipato in un container, dove resti senza poter bere e mangiare per trentasei ore, prima di vedere la luce del sole ad Ancona.

Ho imparato che in Nigeria le guerre di religione tra cristiani e musulmani sono folli e disumane, e che la pace e la giustizia sono ancora lontane.

Ho imparato che il deserto del Sahara, ancor prima

del Mediterraneo, è pieno di morti che hanno concluso lì i loro viaggi disperati.

Oggi più che mai sono convinto che purtroppo le informazioni non cambiano il mondo, non cambiano le cose.

Il sapere, da solo, non basta.

Torture, morti in mare, guerre, uccisioni fanno sempre una certa impressione, ma finché rimangono relegati nel "contenitore televisivo" o in qualche pagina di giornale, diventano roba consueta che alla fine non ci smuove, non ci fa fermare a riflettere, non ci cambia.

Conoscere le cose è importante, ma la vera conoscenza passa dal cuore, dall'incontro reale, dal tatto, dai sensi, dalla carne, dall'emozione. Questo può trasformare e far cambiare le cose.

Per questo sto cercando, nonostante le difficoltà, di continuare a fare l'educatore.

Perché c'è qualcosa che le statistiche, i database, i dibattiti intellettuali, gli esperti e i tuttologi dell'ultima ora non riescono a dire e a vedere. Qualcosa che la mente, la razionalità, non possono catturare.

È accogliere, ascoltare, esserci, lasciarsi attraversare, non dare niente per scontato.

È l'esperienza della condivisione, è l'abbraccio che non ti aspetti, è il barlume di stupore, l'emozione non contenuta, il gesto di fiducia. Per questo, amici di Mineo, non smetterò mai di ringraziarvi.

MI CHIAMO GRACE LAURENTITA INNEH
IO VENGO DALLA NIGERIA IO HO VENTI SEI
ANNI IO SONO PARTITA DALLA NIGERIA PERCHE
IO AVEVO PROBLEMI. SEBBENE IL VIAGGIO
~~STATO NONE S~~ NON E ~~NON~~ FACILE E STATO
NESSUNO E MORTO. IO SONO STATA DIECI
GIORNO NEL DEISERTO TRA NIGERIA E LIBIA.
MI FACEVA MALE LA TESTA. FIANCHI E IL
SEDERE. IO SONO ARRIVATA IN LIBIA IL VENTI
MARZO DUE MILA E DIECI. IO HO LAVORATO
COME DONNA DELLE PULIZIE IO SONO STATA
BENE IN LIBIA. IO SONO PARTITA DALLA LIBIA
PERCHE DI GUERRA. DURANTE LA GUERRA I
LIBICI E GLI STRANIERI VENIVANO UCCISI.
GIORNO PER GIORNO LA SITUAZIONE ERA
SEMPRE PIU PERICOLOSA IO HO AVUTO PAURA.
TUTTI CORREVANO PER SALVARE LE LORO VITE.
MI HANNO PICCHIATA E HO PERSO LA SPER-
ANZA. MIA DIO MI HA SALVATO. IO HO ATTRAVE-
RSATO IL MARE PER 5 GIORNI. DOPO IO
SONO ARRIVATA ALLA ISOLA DI LAMPEDUSA.
IO SONO STATA SU LA NAVE 2 GIORNI. IO
SONO ARRIVATA A CAMPO DI MINEO IO
ADDESSO SONO DE CAMPO.
IO ASPETTO LA COMMISSIONE E I DOCUMENTI.

GRAZIE.

Kenya

Laura Nicolai
amministrazione

Amore mio,

non so se potrai capire tutta questa follia, tu che sei così comprensivo e aperto al mondo, non so se riuscirai mai ad afferrarla. Forse non riuscirò nemmeno a trovare le parole per descrivere quell'inferno di siccità e morte, di disperazione e sogni infranti, di dignità e forza. Chissà se saranno utili le fotografie per farti cogliere il mistero di quel campo (Dadaab) e del perché debba mai esistere un campo del genere nel mondo.

Non so nemmeno se noi, che lì abbiamo vissuto e lavorato, cogliamo la complessità di quel posto; personalmente sento di averlo fatto solo in parte. È semplicemente tutto *troppo,* non si riescono a percepire il limite, i confini, gli spazi, le dinamiche, nonostante la popolazione ci abbia accolto e voluto bene e anche protetto, per quanto possibile.

Rimarremo comunque degli alieni, nonostante sul piano professionale saremo in grado di migliorare lo stato di salute delle persone, di salvare dei bambini che a volte convivranno per sempre con le conseguenze di una malnutrizione acuta contratta prima di raggiungere i cinque anni, di insegnare le nozioni basiche di igiene a famiglie che camminano a volte anche quaranta giorni prima di raggiungere uno spazio di terra talmente angusto da rischiare di bruciarsi con il fuoco del vicino. Li aiuteremo, ma non penetreremo mai il mistero delle loro esistenze, non sapremo mai con esattezza cosa vuol dire vivere in guerra per vent'anni o nascere e crescere nel campo rifugiati più grande del mondo, dal quale non si scappa, non si esce in cerca di un futuro.

Alieni instancabilmente presenti, professionisti locali e operatori che lavorano più di dodici ore al giorno (sabato e domenica compresi, *ça va sans dire!*) sotto i quaranta gradi impietosi del deserto e che la sera trovano ancora la forza di giocare a carte, di ridere e scherzare – ballare perfino, in occasioni speciali – davanti a una tavola con solo riso bianco e patate. Non siamo degli eroi, né delle persone straordinarie, mi conosci bene e posso garantirti che anche gli altri sono semplicemente così: medici, infermieri, operatori della salute, amministratori, logisti che hanno la fortuna di lavorare in contesti incredibilmente stimolanti e motivanti.

A volte mi piacerebbe semplicemente trovare la chiave per chiudere i rubinetti di una guerra senza vincitori e con troppi vinti e porre fine a questo flusso di esseri umani stanchi, denutriti, spaventati, che nonostante tutto quello che hanno dovuto affrontare mostrano un'innegabile dignità e forza. Purtroppo realisticamente mi limito, insieme a tutti gli altri colleghi, ad assisterli nel quotidiano inferno in cui hanno cercato rifugio.

Libano

missione MSF

Ho bisogno di scrivere. Come sempre, quando le emozioni sono troppo forti, le devo sfogare in qualche modo e soprattutto condividerle.

In missione è tutto amplificato. Non c'è mai una mezza gioia, c'è una super gioia. Non c'è una tristezza o una frustrazione, ma ci sono una super tristezza e una super frustrazione, che ti fanno solo pensare a quanto vorresti scappare da questo incubo e tornare a casa.

Sì, oggi mi sento in un incubo, vorrei spegnere l'interruttore e tornare a casa.

Poi ci penso bene. L'incubo non è per me, ma è per quello che vedo e ascolto, non ce la faccio, mi viene da piangere ogni dieci secondi.

È stata una giornata intensa di incontri.

Stamattina mi trovavo nel dispensario di Aarsal a milleseicento metri. Solo le montagne ci separano dalla Siria. Il paesaggio è stupendo, le cime sono ancora bianche, ma sulle colline inizia a far caldo. È la porta d'ingresso di molti siriani. I libanesi non considerano questo villaggio come libanese, ma piuttosto siriano. Sono tutti musulmani sunniti, quindi solo i siriani musulmani sunniti si installano qui. Non perché ci siano discriminazioni religiose, ma perché è così nella loro cultura.

Ci sono molte ONG che sono arrivate in queste ultime settimane ad Aarsal. Anche l'Alto commissariato per i Rifugiati delle Nazioni Unite (UNHCR) ha iniziato la registrazione ufficiale. In pratica registrano i siriani dando loro una tessera che gli permette di essere riconosciuti come rifugiati e avere accesso ai vari servizi offerti dalle organizzazioni locali e internazionali.

Quando sono arrivata un mese e mezzo fa, c'erano ancora delle case libere ad Aarsal. Ora ogni stabile, finito o in costruzione, è affittato ai siriani. Molti sono ospitati nelle case dei libanesi. Iniziano a spuntare tende che vengono fornite da ONG locali. Ci sono famiglie intere che vivono in una grande moschea in costruzione. Hanno acqua, ricevono cibo e kit per l'igiene. La maggior parte dei bambini e dei ragazzi non va a scuola. Qualche uomo cerca lavoro come carpentiere per pochi soldi. La maggior parte non ha lavoro e non sa cosa ne sarà del proprio futuro.

Sono persone comuni, famiglie che hanno dovuto lasciare la loro terra perché insicura. La maggior parte dei siriani viene dalla città di Homs, sempre sotto bombe e scontri tra rivoluzionari ed esercito che difende il regime.

Mi trovo nell'ambulatorio con l'infermiera Nabia che si occupa della registrazione dei pazienti e della farmacia. Arrivano due donne con un bambino. Una delle due riceve una chiamata sul cellulare e inizia a piangere disperata. Non capiamo, pensiamo sia successo qualcosa di grave. Quando riesce a smettere di piangere racconta all'altra donna e a noi che è suo figlio. Era stato rapito insieme al marito nella città libanese di Qaa, vicino al confine, perché ritenuti combattenti contro il regime. Dopo cinque giorni sono stati liberati. Le donne, quindi, piangono per la gioia di questa liberazione. Posso solo immaginare le torture che avranno subìto durante la prigionia.

Dopo l'ambulatorio vado con Arianna, la psicologa italiana, Imane, la traduttrice, e Mohamed, lo psicologo locale, alla grande moschea in costruzione. Andiamo a cercare un paziente che Mohamed sta seguendo ma che ha abbandonato le sedute di psicoterapia all'ambulatorio. Io approfitto per parlare con altre famiglie che subito ci invitano nelle loro tende a bere il caffè. Per caso incontro Nuria, una ragazza che ha smesso anche lei di andare dallo psicologo. Avrà vent'anni, è in una stanza della moschea. Le altre persone della sua famiglia sono molto preoccupate per lei. La stanza è vuota. Ci sono solo dei materassi e dei tappeti lungo il perimetro della stanza. Nuria è in un angolo, con due coperte sopra e continua a piangere, dicono che non parla più. Ci dicono che ieri suo fratello di sedici anni è stato ucciso in Siria. Questa notizia ha sconvolto tutti. Sono senza parole, le chiedo solo se le va di parlare con Mohamed e lei accetta. Mohamed entra nella stanza e parla con lei. Resto fuori con Arianna e incontriamo un'altra ragazza. Viene anche lei da Homs, è arrivata due mesi fa. Frequentava l'università. Con lei possiamo parlare direttamente senza l'interprete perché sa un po' d'inglese. Ridiamo perché lo parla meglio di me!

È una ragazza dolcissima, è molto contenta di vederci, di incontrare due ragazze di un'altra nazionalità. Ci dice che le mancano l'università e i compagni. Non ha notizie di molti amici di Homs. Ci racconta della Siria, dice che è bellissima. È preoccupata perché il mondo si è dimenticato della Siria e dei siriani. La rassicuriamo dicendo che i telegiornali, soprattutto quelli locali del Medio Oriente e Al Jazeera, parlano spesso della Siria e che non deve sentirsi sola. Ha le lacrime agli occhi ma non piange. Facciamo delle battute per farla sorridere. Ci chiede di tornare a trovarla.

Torno a casa a Jdeideh, la giornata continua con la riunione serale con l'équipe medica di ogni mercoledì.

La sera ripenso agli incontri fatti, ai volti visti, alle molte espressioni tristi, agli uomini e donne con gli occhi lucidi, ma comunque persone dignitose e ospitali. Mi hanno ringraziato anche se in realtà non ho fatto niente. Molte persone mi hanno raccontato dei loro problemi di salute e le ho semplicemente consigliate di venire all'ambulatorio il giorno dopo. In realtà avevano voglia di parlare, di raccontare. Ho sentito una grande responsabilità nello stare ad ascoltare tutti questi racconti, questi pezzi di storia. Sicuramente ai telegiornali si parlerà di bombe, feriti e morti, ma dietro ogni bomba, ferito o morto ci sono famiglie e comunità intere che soffrono. Persone come noi che non hanno nessuna colpa a parte quella di trovarsi in mezzo a una guerra.

Ripenso anche a Salam, l'autista di MSF che oggi ci ha accompagnati. È libanese, ha ventiquattro anni, è simpatico e anche molto serio sul lavoro. Abita ad Al Feka, vicino a Jdeideh. Oggi era preoccupato. Gli chiedo cos'ha e dice che la guerra è vicina e gli fa paura. Sta preparando il suo matrimonio per il prossimo ottobre. Dice che non solo i siriani vengono in Libano, ma ora anche i libanesi che vivono al confine si sentono insicuri e iniziano a scappare verso l'interno del paese. Dice che siamo tutti esseri umani e che dobbiamo aiutare queste persone, perché potrebbe accadere anche a noi.

Mi sento triste per loro, vorrei tornare a casa, spegnere l'interruttore di queste sofferenze, far sì che non esistano, che spariscano, che non siano mai accadute.

Ma anche se tornassi a casa non cambierebbe niente. Non avrei davanti agli occhi quotidianamente queste situazioni, ma continuerebbero a esistere.

Libia

missione MSF

La Libia è un paese dai colori chiari, di sabbia.

L'atmosfera è confusa già all'aeroporto, faticoso percepire le persone che sentiamo diffidenti e guardinghe ma gentili. Tutto si muove ma immerso nel silenzio.

Il nostro arrivo in Libia è preceduto da molte domande e dal dubbio che forse non troveremo risposte.

La nostra missione è esplorativa, ha cioè la funzione di capire se MSF potrà attivare un servizio dedicato a coloro che hanno subìto violenze o torture, non solo in quest'ultimo periodo caratterizzato dalla ribellione contro il regime, ma anche prima, durante i quarant'anni di dittatura che hanno inequivocabilmente cambiato la storia di molti.

Le dittature annientano il senso critico, le tradizioni, la dignità degli individui, il talento.

Non si trovano più cibi tipici, non ci sono decori o lavori manuali che ci aiutino a riconoscere il loro gusto, la loro capacità di esprimersi.

Nessuno si fida dei medici.

I bambini nascono in macchina durante il viaggio che dovrebbe portare le donne in qualche ospedale riconosciuto.

Le associazioni si muovono timorose a supportare coloro che, con difficoltà, ammettono i loro bisogni.

Le persone che incontriamo ci accolgono sempre

con sincera gentilezza e non solo per la curiosità di sapere cosa vogliamo.

Ci accolgono a Kikla con un grande desiderio di condivisione: nella moschea, insieme alla nostra guida locale, mangiamo un cous cous generosissimo e della frutta saporita.

A Nalut entriamo nella casa di Whaji, il nostro interprete.

La sua famiglia ci regala davvero una familiarità non scontata. Non parliamo la stessa lingua ma gli occhi ci raccontano, il profumo del cibo ci unisce intorno al tavolo dove senza parole pranziamo tra donne, nel rispetto della tradizione, e con i gesti entriamo nella loro quotidianità: un regalo inaspettato, impagabile.

Tra le tante persone di cui sentiamo parlare c'è un vecchio pugile che adesso a fatica riesce a impugnare una matita. Il suo talento indiscutibile è stato annientato da un corpo speciale della polizia del regime che aveva la funzione di cancellare tutti coloro che emergevano in qualunque campo.

Mahmud era un bravo pugile, un eccellente trainer, gli sono state rotte tutte le dita per evitare che potesse emergere e oscurare l'unico eroe che deve inequivocabilmente esistere: il rais.

Adesso Mahmud insegna ai giovani a boxare, non solo perché lo sa fare ma anche perché vorrebbe che imparassero a sfogare quella rabbia che altrimenti diventa guerra, di nuovo.

Chiediamo delle donne, della loro sofferenza silenziosa. Dei traumi per le violenze subìte e di quelle che hanno accolto e curato i loro uomini.

Sempre poche le parole, mai commenti.

Qualche volta un sorriso emerge dal velo.

Ci spostiamo in lungo e in largo per la zona montuosa di Nafousa, Bengasi, Tripoli, Sirte, Zawija.

Ogni città è diversa dalle altre anche se sembra

uguale: gli stessi colori, le stesse case. Cambiano enormemente invece le persone, le idee, le spiegazioni.

Ma non cambiano in loro la diffidenza e il bisogno di proteggersi.

Ovunque si incontrano persone che hanno perso qualcuno durante il conflitto, o che più o meno direttamente sono stati coinvolti in violenze e torture. Alcuni si ritengono eroi, altri martiri.

Un chirurgo che incontriamo ha perso tutta la sua famiglia durante l'occupazione di Jabel Nafousa, la sua città. Lo dice con gli occhi vuoti prima, e velati di tristezza, poi. Pensa che ogni intervento che ha eseguito durante la resistenza poteva riguardare tanto una vittima quanto un carnefice, ma lui ha operato lo stesso, ha fatto il suo lavoro.

Incontriamo un team di ginecologi a Zawija, sono attenti e sensibili. Ci confermano la sofferenza muta delle donne ma loro ne hanno cura e sanno come supportare il loro dolore, anche se non espresso a parole. Qui si sente forte la fiducia che tanta sensibilità e apertura hanno costruito nel tempo.

Ci sentiamo confusi alla fine di tanti incontri, di tante impressioni ricevute.

Sentiamo netta e forte la distanza che queste persone vogliono mantenere, il riserbo diffidente con il quale vogliono prima capire chi siamo e poi, forse, aprirci uno spiraglio.

Alla fine sono ancora di più le domande e una fra tutte ci resta in sospeso: saremo in grado di sostenere la responsabilità di aiutare chi non sa cosa significhi farsi aiutare?

Libia – Misurata

Rosanna Sodano
anestesista

Fatih e Ali. Sembrano chiamarsi tutti allo stesso modo o forse sono i nomi più facili da ricordare oltre a Mohamed.

Sono studenti di Medicina e da quando in Libia è scoppiata la rivoluzione lavorano gratuitamente come infermieri perché il personale del reparto è scappato e i medici fanno i turni al fronte.

Non sanno niente di gestione del paziente intubato, come del resto non lo sanno gli studenti italiani, ma hanno molta volontà di apprendere e una grande dignità.

E tanta resistenza, anche. A coprire le ventiquattro ore saranno al massimo in cinque, sembra di trovarli sempre lì, con la barba lunga e un po' pallidi, sarà la stanchezza o il rito del Ramadan in base al quale dall'alba al tramonto non mangiano né bevono. Di notte svolgono i lavori più pesanti e consumano tutti i pasti.

I respiratori automatici hanno le scritte in tedesco e risalgono agli anni ottanta. Ricordo l'orgoglio e l'ansia con cui tanti anni fa avevamo accolto in reparto quelle stesse macchine, le prime a gestione computerizzata. Sui nostri le scritte erano in italiano e per fortuna i comandi sono nelle stesse posizioni.

Gli "infermieri" fanno domande acute, capiscono e hanno una buona base teorica; il nostro compito è renderli autonomi nella gestione di questo reparto posto nelle retrovie per ricevere i pazienti stabilizzati al fronte.

I quattro pazienti sono dei casi disperati, due con una pallottola nel cervello, un politraumatizzato e uno quasi annegato.

Tutti in coma, intubati e attaccati al respiratore, con un livello altissimo di cure; farmaci e materiali non scarseggiano ancora, il "personale" fa quello che può.

Ma sono studenti e non hanno l'esperienza della morte né sanno ancora che a volte le cure più sofisticate non bastano.

Quando uno dei feriti in coma irreversibile va in arresto cardiaco lo slancio di Fatih, che vuole fargli il massaggio cardiaco, e il suo sgomento stupefatto nello scoprire che non possiamo salvare il paziente, sono commoventi. Si tratta di un suo coetaneo che si è trovato sulla traiettoria di un fucile; il "conto del macellaio" di questa sanguinosa rivolta.

Il rumore degli spari e delle esplosioni è costante. Talvolta tremano tutti i vetri e la netta sensazione è che sia scoppiata una bomba in cortile ma è sempre e solo l'eco della battaglia lontana.

La strada dall'ospedale alla nostra base corre lungo la linea costiera, chilometri di spiaggia deserta e di mare completamente vuoto, non si vede un bambino che gioca sulla sabbia o una vela all'orizzonte. Un paese fantasma e gli unici mezzi che incrociamo sulle strade sono veicoli civili attrezzati per la guerra: pick up con i mitragliatori sul cassone e passeggeri con i fucili imbracciati.

Dalla base di MSF, che è una casa in stile arabo circondata da muri alti e impenetrabili alla vista, la sera guardiamo i traccianti rossi che solcano l'oscurità e cerchiamo di interpretare la battaglia dal ritmo degli spari; di notte raramente dormiamo più di tre ore di seguito perché ci sveglia la sirena dell'allarme cittadino e dobbiamo metterci al riparo, tutti seduti per terra e con le spalle al muro. C'è chi si addormenta lì, abbracciato al cuscino che si è portato dietro a mo' di coperta di Linus.

Malawi

Francesco Bari
logista

Scrivo. Sarebbe più romantico solcare con la mia penna a inchiostro linee di parole su una carta quadrettata ma rimarrebbe solo per me, invece voglio condividere impressioni, immagini, malumori, dolcezza, rassegnazione e tutto ciò che continuamente mi stupisce da questo angolo remoto del pianeta così diverso dalle mie radici. Non mi sazierò mai di percorrere la terra rossa in mezzo ai villaggi, sentire le buche vibrare sotto il mio manubrio, udire le grida felici dei bambini che esultano nel vedere questa freccia così esotica tra di loro. Allora mi fermo, faccio domande, mi circondano, qualcuno spiccica qualche parola in inglese, ma non è importante come osservare i loro semplici sorrisi.

E torno automaticamente un po' indietro, riavvolgo la pellicola per farmi più piccolo e potermi confrontare, non sentirmi a disagio per le diversità, non sentirmi così distante e complicato per aver scoperto le realtà e gli angoli bui di un'esistenza di cui loro non hanno nemmeno idea. Qui si lotta per mangiare, si invoca la pioggia perché da questo dipenderanno il raccolto e le riserve di cibo. Si combattono le malattie che decimano le famiglie, ma tutto ai miei occhi sembra ovattato perché predomina il sorriso. I problemi sono parte cronica di un sistema e quindi ci si adatta. E io non potrei cambiare nulla. Osservo, mi compiaccio che interiormente un non-sistema possa funzionare più di un sistema evoluto e studiato, dove tutto è disponibile. Ma non posso andare più a fondo perché mi parrebbe di infrangere dei meccanismi a cui non appartengo. Talvolta non voglio neppure osservare, mi concentro sul sentiero da percorrere velocemente cercando di non disturbare questa Africa che ne ha abbastanza per conto proprio. Io non sono nulla se non un moscerino bianco e stonato che si potrebbe facilmente sopravvalutare. Mi cullo in questi viaggi di introspezione, nei chilometri purifico il mio corpo e il mio fisico e torno a casa diverso. Questo mi trattiene. Mi fa dimenticare i lamenti che potrebbero essere provocati dalla frustrazione sempre in agguato, perché spesso le cose non funzionano come vorrei, ma poi mi metto al posto loro, dove nulla apparentemente funziona o perché non piove o perché mancano i medicinali. E no, non potrei proprio prendermi il privilegio di lamentarmi avendo tutto. Gran fortuna schioccare le dita e avere a disposizione risorse, vizi, affetti, salute e ogni surplus immaginabile. L'Africa insegna a percorrersi dentro, non aiuta a esser felici, ma ti apre gli occhi, ti aiuta a percepire la piccolezza e allo stesso tempo la grandezza incommensurabile del proprio essere. E io ringrazio, non so perché. Resto. Mi alleno a non stancarmi, mi adatto, stringo i denti nei passaggi veramente difficili, e poi dormo, sogno, sono grato di risvegliarmi per continuare a osservare, non è necessario trarre conclusioni. L'Africa eternamente aspetta, sopporta, soffre nella sua semplicità. E io non potrei mai giudicare, neppure azzardare un'opinione troppo ferrea del perché delle cose. Popoli fuori da questo continente si sfiancano per raggiungere utopici traguardi spinti dall'ambizione e dalla velocità frenetica dell'ambiente che li circonda, qui invece ci si prende il proprio tempo. Non abbiamo diritto di cambiarli, forse neanche di migliorarli: queste sono solo le nostre stupide ambizioni di credere che siamo migliori.

Myanmar

Francesca Coloni
ingegnere

All'arrivo nei villaggi si cammina sulla distruzione o forse sulla ricostruzione. Ciò che inquieta non sono le grosse strutture che hanno ceduto alla furia degli elementi (scuole di cui rimane solo la prima fila di mattoni, cupole di pagode senza più la punta finale, case di legno sbilenche, barche spiaggiate in mezzo alle casupole, grossi alberi sradicati abbattutisi sopra le abitazioni o nei laghetti utilizzati per la raccolta dell'acqua, sopra i canali), bensì le piccole cose personali che giacciono senza più cura né proprietà: pezzi di giocattoli, armadi e letti dalla fattura piuttosto grezza, stracci che furono vestiti, fotografie, quadri dalla semplicità estrema spesso raffiguranti il Buddha. E se si è in prossimità di un monastero, il dover camminare scalzi anche sopra passerelle di mattoni rotti o foglie appuntite messi apposta per evitare il fango non fa male perché c'è qualcos'altro che distoglie la mente: è l'odore ciò che maggiormente ti tocca; un odore penetrante che immediatamente ti avverte di un cadavere di bufalo nel bel mezzo del villaggio che stai visitando, o di qualcos'altro quando navighi nei canali più stretti. Questo odore è anche l'odore che pervade tutto: soldi, cuscini, riso che ti servono al "ristorante". Un odore acre come quello raccontato da Thomas Mann in *La morte a Venezia*.

E proprio una Venezia tropicale sembra il porto di

Bogalay, uno dei centri nevralgici per la risposta all'emergenza, dove ormai diverse organizzazioni umanitarie (MSF inclusa) hanno uffici, magazzini, alloggi. Il porto è la cosa più asiatica che si possa immaginare: barche affusolate che ricordano le gondole, abilmente manovrate da marinai appesi alle prolunghe delle eliche-timone, tutti vestiti con *lonji* (specie di lunghe gonne) e cappello ad ampie falde per proteggersi dal riverbero della luce sull'acqua. Le barche cariche di materiali hanno una linea di galleggiamento molto bassa ma pare che nessuno se ne preoccupi: tanto si imbarca acqua comunque e regolarmente qualcuno la deve togliere, quasi fosse un passatempo per rompere la monotonia del viaggio.

Abbiamo passato ore in barca e sotto la pioggia per andare qua e là a tracciare una mappa geografica della zona (facilissimo perdersi o confondere i villaggi) e per valutare la situazione delle fonti di acqua potabile. Per questo ho incontrato più monaci buddhisti nella mia prima settimana di lavoro, che preti in tutta la mia vita. Dopo il colloquio nel monastero per capire la demografia del villaggio, segue di solito la visita alla riserva di acqua potabile, una sorta di laghetto per la raccolta dell'acqua piovana. Durante il ciclone tutto è stato inondato da acqua salmastra e tutte le fonti sono state inquinate. Questi laghetti si trovano spesso nel bel mezzo delle risaie. Camminiamo con difficoltà perché gli stivali nel fango provocano un effetto ventosa da far paura e a ogni passo sembra di aver ancorati enormi pesi alle gambe. Per solidarietà femminile sono spesso le donne del villaggio a scortarmi, ma mi tengono i polsi con una stretta contadina così forte da farmi male.

Se per l'aspetto esteriore sembro una marziana, almeno per lo stupore delle scoperte giornaliere non sono sola: il mio staff, tutti giovani che provengono da Yangon, non è abituato a questa realtà e non si immaginava che il Myanmar, la sua terra, potesse voler dire tutto questo. Sono partiti da Yangon entusiasti di aiutare le loro genti, ma si sono ritrovati in una cosa che a volte è più grande di loro. Dicono di avere nostalgia della loro famiglia e di non riuscire a capire la mentalità delle persone che sono chiamati ad aiutare: insomma si trovano davanti al classico "dilemma dell'umanitario", quello che ti fa provare rabbia davanti alla popolazione che ha bisogno perché non fa quello che tu pensi sia giusto, o perché non risponde a tono alle tue domande. Ottima palestra di vita per loro, ma anche per me, come lo è ogni missione in cui ti confronti col "diverso", quando il diverso sei tu (e non loro).

Per accelerare le nostre operazioni ho trascorso anche delle notti in barca, per portare assistenza nei villaggi in prossimità dell'oceano, irraggiungibili in giornata. Splendido! Per cena granchi freschi ogni giorno. Tutto sempre accompagnato da riso. A colazione non fai in tempo a uscire dalla toilette che ti ritrovi già un piatto di riso e pistacchi premurosamente cucinato dal cuoco-marinaio. E ti ha pure preparato il Nescafé! Ancora rintronati dalla sostanziosa colazione, ci si prepara per la giornata.

In queste circostanze, lasciano stupefatti gli inviti a mangiare qualcosa in compagnia degli abitanti del villaggio, mentre le nostre motopompe rimuovono l'acqua inquinata dai loro laghetti. Incredibilmente mi sono stati preparati pasti principeschi, anche dove la gente non ha nulla e anzi riceve ancora cibo dalle organizzazioni umanitarie. E conversando ti dice di essere grata per tutto l'aiuto che gli viene donato, tanto o poco che sia. Ma anche ci rimproverano perché preferirebbero ricevere l'occorrente per poter pescare, piuttosto che ricevere i pesci. Questa frase, detta sotto un telo di plastica che ora funge da monastero, con intorno vecchierelli sdentati e bambini orfani alla luce di una candela, è arrivata come una frustata, non solo per il concetto espresso, ma anche per il fatto che io l'avevo sentita per la prima volta pronunciata a Milano da un grande professionista delle emergenze umanitarie.

Niger

Mario Guttilla
logistica-amministrazione-finanza

Ciao mamma,
già diversi mesi sono trascorsi, volati, quasi senza lasciare il tempo di pensare a tutti i cambiamenti che sono avvenuti fuori di me, dentro di me.

E così ho passato le feste natalizie, capodanno, il mio trentesimo compleanno in Niger, lontano da voi, dalle persone a me più care, dagli amici di sempre, senza fare grandi feste, senza pensare a regali o a locali dove andare la sera.

Eppure sento che questo è il mio posto, sento di aver passato dei mesi fantastici, con una nuova "famiglia", diversa da quella tradizionale ma anche questa non scelta in precedenza, ma che ho trovato e dovuto accettare. Anche questa volta sono stato fortunato. In casa l'atmosfera è calorosa, alle nostre spalle abbiamo origini, esperienze, età e vite completamente diverse ma qualcosa ci unisce, una motivazione e un obiettivo comune, il perché ci troviamo qui in questo momento e non nelle nostre case, circondati dai confort che dicono rendano la vita più facile.

Se mi vedessi adesso, mamma, forse ti spaventeresti, ho perso quasi dieci chili, forse per il lavoro, lo stress, il caldo e la disidratazione. Eppure io, proprio, non mi posso lamentare, il nostro cuoco Mamadou è veramente bravo e con quello che riesce a trovare al mercato cucina bene e si sforza di alternare piatti tradizionali a un po' di pasta, qualche torta, e quando prepara la pizza è sempre una grande festa in casa!

Questa notte una delle guardie è venuta a bussare alla mia finestra, per un attimo ho pensato che ci fosse un problema di sicurezza o qualcosa del genere, ma invece il problema era all'ospedale. Il generatore si era fermato di colpo e aveva lasciato l'ospedale senza luce. Abbiamo le lampade solari, ma non bastano per la sala delle cure intensive dove i bambini sono attaccati agli erogatori d'ossigeno che devono poter lavorare ventiquattr'ore su ventiquattro.

Tutto si è risolto in poco tempo, per fortuna non c'era niente di rotto, sono tornato a letto ma per il caldo che non dà tregua neanche di notte ho chiuso occhio, solo quando iniziava ad albeggiare. Ma non importa, la stanchezza che a volte mi assale e si deposita poco a poco in silenzio come granelli di sabbia sulla pelle viene spazzata via con facilità dalla mano tesa di un bambino su un letto, da un sorriso con le mani giunte di una madre, da un abbraccio di un collega.

In questi mesi ho visto tanti amici e colleghi partire, non mi sono mai piaciuti gli addii e i commiati ma adesso non posso tirarmi indietro, adesso tocca a me. Tra qualche settimana sarò io quello che dovrà partire, salutare per l'ultima volta le persone, i luoghi in cui ho vissuto per quasi otto mesi, lo staff locale con cui ho lavorato gomito a gomito quotidianamente e i miei colleghi che forse un giorno rivedrò in qualche altra missione. E dovrò salutare la mia stanza, che non avrei mai immaginato potesse diventare "la mia casa" ma anche il miglior pub, la miglior discoteca in cui ballare e rilassarsi.

Lo so che tu, mamma, starai già contando i giorni pensando alla lista di tutte le cose buone da prepararmi per "rimettermi in forma", come dici sempre tu. Eppure sono felice a metà, mi siete mancati tanto e ho una gran voglia di rivedervi ma sarà strano vivere la mia quotidianità senza queste persone, fino a poco tempo fa sconosciute. Le paure che mi avevano assalito all'inizio sembrano un ricordo lontano. È strano come il concetto di tempo cambi velocemente nella mia testa; ci sono giorni in cui mi sembra di essere arrivato ieri in questo posto e giorni in cui sembra passato più di un anno. Riesco a sentire e vedere i cambiamenti nel mio fisico, nel mio comportamento, sulla mia faccia quando mi guardo allo specchio e mi sembra di avere davanti un altro Mario.

E mi fa sorridere pensare che adesso ho paura di tornare a casa, di accettare quello che mi troverò davanti una volta che dovrò rientrare nella vita quotidiana, di capire che c'è veramente qualcosa di strano in questo stile di vita che conduciamo. Le immagini della missione sicuramente mi accompagneranno. Ma saranno dei bei ricordi? Saranno incubi?

Come dimenticare gli odori, i rumori, il caldo soffocante, i sapori, il ritmo naturale del giorno e della notte, la sabbia in mezzo ai denti, ai capelli e al cibo, il mercato degli animali con i suoi magnifici dromedari e i poveri asini sempre con un carico enorme sul dorso?

E adesso, mamma, quando in una giornata di scirocco vedrò le macchine coperte da questa sabbia finissima che viene direttamente dal Sahara, penserò ai miei amici e a questi luoghi lontani dove una parte di me è rimasta per sempre. E mi ricorderò della tradizione dei tre tè sorseggiati insieme lentamente e rumorosamente su una stuoia per terra aggiungendo ogni volta sempre più zucchero perché, come dice il proverbio, il primo è amaro come la vita, il secondo è forte come l'amore e il terzo è soave come la morte.

Ti voglio bene.

Pakistan

Anna Nava
neuropsicologa

È mercoledì. Prima di partire come sempre incontro il team. Raccontarci cosa dobbiamo fare e chi deve farlo ci dà l'illusione di essere pronti a tutto, di certo un po' ci aiuta. Siamo nel Sud del Pakistan alluvionato. Per le attività oggi andiamo a Jamshoro in un campo sfollati che si trova in prossimità di quello che chiamiamo il villaggio fantasma; sono rimaste le strade e le porte ma di muri e stanze solo tracce, l'acqua ha portato via quello che le si opponeva lasciando (beffarda) solo ricordi di quello che c'era.

Ci accolgono i bambini e i colori delle *dupatthe* (sciarpe) che sventolano al sole, coloratissime e ricamate.

Incontriamo le donne al centro nutrizione, nelle tende e in quello che resta delle case. Cerchiamo un sorriso alla fine di quelle chiacchierate che ci svelano vite faticose. Sono bambine o mamme, alle volte tutte e due. Sono comunque mamme di tutti i figli, perché a prendersi cura dei piccoli è la comunità, che si confonde con la famiglia e viceversa.

Parliamo mentre le più ricamano sedute sui tappeti che si sono portate da chissà dove, mentre le mamme pettinano le figlie o viene preparato l'impasto del *chapati* (pane tradizionale).

Per molte di loro è la prima volta che si trovano

fuori dalla casa che le ha accolte giovani spose, dal cortile che le vedeva ogni giorno impegnate nei loro compiti, dal villaggio che altrimenti non avrebbero mai lasciato se l'acqua non le avesse portate fino a qui, a reinventarsi una vita dentro una tenda.

Le donne raccontano dell'allontanamento dalla loro famiglia di origine, dei misteri del matrimonio, delle sfortune avute (tante), della povertà che le perseguita e che condividono tra donne, come gli uomini la condividono tra loro.

Ci sono anche le gioie però e su quelle noi lavoriamo, cerchiamo di ricordarci che i sentimenti positivi sono ancora possibili.

Sherazade arriva nella nostra tenda con un sacco di plastica enorme e pesante, veste il burqa scuro dal quale però esce la luce di due ridenti occhi verdi. Siamo in pausa, ma lei arriva semplicemente incuriosita e ha voglia di fare due chiacchiere. È aperta Sherazade, curiosa, ha voglia di capire se si può fidare. Le guardo le mani, parla un po' d'inglese che pronuncia perfettamente, scoprirò dopo che lo ha imparato ascoltando Al Jazeera quando abitava a Islamabad.

È qui con la famiglia, i genitori, tre fratelli e tre sorelle. Nel sacco ha metri di ricami fatti da lei, abiti e sciarpe rifiniti con pazienza e arte.

Restiamo sole e si fida abbastanza per togliersi il velo, scopre i ricci scuri e un sorriso gioiosissimo.

Penso tra me e me che finalmente incontro una persona serena, che forse non tutti hanno un passato difficile.

Lei mi smentisce poco dopo e mi racconta di due matrimoni, di un marito che ha perso e di un altro che le ha fatto conoscere la vertigine del coma per le botte causate dalla sua (?) infertilità. Nel racconto che si allunga per tutta la strada fino a casa dove l'accompagno per aiutarla con la borsa, mi dice che ha ricominciato a vivere almeno tre volte. Capisco dopo il senso della sua gioia piena. Sherazade si occupa della sua famiglia, dei genitori anziani e delle sorelle, manda a scuola i fratelli e non fa mancare nulla a nessuno. Mantiene la promessa che ha fatto di prendersi cura della famiglia purché il padre consenta ai suoi fratelli e sorelle di sposarsi per amore e anche di andare a scuola, "più che si può" dice, e per questo lavora, perché quel "più" diventi una laurea di cui essere orgogliosa. Vede e cuce nei suoi occhi un futuro migliore.

Mi risuonano nelle orecchie le voci di chi mi diceva, prima che io partissi, che in quei paesi si sta meglio perché non hanno niente e allora si accontentano di poco. Non è per nulla vero. Qui hanno davvero tutto: coraggio, volontà, pazienza. Ci vuole la forza di ricominciare più e più volte, di camminare sempre in salita, di essere tenaci abbastanza per resistere. Ti sembra poco?

Repubblica Centrafricana

Enrica Picco
humanitarian affairs officer

Sono ormai più di tre mesi che sono tornata dalla Repubblica Centrafricana (RCA), ma in qualche modo non riesco ancora a lasciarla, non riesco a staccarmi da quel paese e da tutto quello che mi ha trasmesso negli ultimi due anni. Da quando ho rimesso piede in Italia, ho già attraversato un po' tutte le fasi: il sollievo per la fine di una missione davvero intensa, la nostalgia per quello che avevo lasciato, la voglia di tornare per continuare quello che avevo cominciato. Tutte le speranze ogni volta che atterravo a Bangui, la capitale, tutte le frustrazioni ogni volta che prendevo l'aereo per l'Europa.

Ci sono tornata due volte nella RCA. Uno dei paesi di cui raramente si sente parlare in Europa, tanto che, prima di partire, il Leitmotiv con amici e parenti era diventato: hai detto che vai in centrafrica, ma esattamente come si chiama lo stato? Pochi sapevano che esiste un piccolo paese, poco più di quattro milioni di abitanti, incastonato tra Ciad, Camerun, Repubblica del Congo, Repubblica Democratica del Congo e Sudan. Niente sbocchi sul mare. Quasi nessun controllo dei confini per tenere lontani i poco raccomandabili vicini. Governo che presidia solo la capitale e sei diversi gruppi ribelli (centrafricani e non) che occupano il territorio e terrorizzano la popolazione. Mancanza di infrastrutture, di educazione, di sanità. Reddito pro capite di pochi dollari al giorno, stranieri che sfruttano le miniere d'oro e diamanti.

Descritta così, in poche righe, la RCA non sembra differente da tanti altri paesi africani che ne condividono le sorti. Ma, dopo tante missioni, in RCA ho trovato qualcosa di diverso. Una mancanza cronica di tutti quelli che pensiamo siano gli standard minimi per vivere con dignità, e soprattutto una totale rassegnazione a questa mancanza. Nelle mie due missioni in RCA le ho riscontrate entrambe, in forme diverse ma sempre presenti. Prima, quando ero a capo di un progetto nel Nord del paese, che dopo cinque anni di attività e il ritorno di una certa stabilità nell'area abbiamo deciso di chiudere. Poi, lavorando nella capitale, Bangui, gomito a gomito col ministero della Salute e le altre organizzazioni umanitarie che si occupano di sanità, per sciogliere i nodi che impediscono il funzionamento del sistema sanitario nazionale, aggiornare i protocolli delle patologie più diffuse e sostenere il paese nella richiesta di fondi internazionali per combattere le malattie dimenticate.

Le ho trovate nella maman che porta il suo piccolo nei nostri centri, gli unici dove può ricevere un trattamento adeguato e gratuito. Lei sa bene che non saremo lì in eterno, che un giorno MSF se ne andrà e suo figlio, o il figlio di suo figlio ricominceranno a morire di malattie facilmente curabili come la malaria o la diarrea. E lo accetta, come parte di un disegno ineludibile che è sempre stato lo stesso da quando ha memoria, e che non ci sono ragioni tangibili per cui sia destinato a cambiare.

Pélagie ha all'incirca vent'anni (non si ricorda quando è nata) e viveva a Gondava, nel Nord della RCA. Negli ultimi dieci anni, il suo villaggio è passato dal controllo di un gruppo ribelle all'altro. Ora l'esercito del Ciad ha deciso di bombardare a tappeto la zona per debellare i ribelli che vengono dall'altra parte del confine e che come tanti altri hanno trovato rifugio in RCA, terra di nessuno. Pélagie è scappata non appena ha sentito arrivare gli aerei, si è nascosta per settimane nella foresta. I miliziani le hanno usato violenza, i militari dell'esercito regolare centrafricano non l'hanno protetta perché la gente del suo villaggio è accusata di complicità coi ribelli. Pélagie non ha più niente, vive presso dei parenti del marito in un altro villaggio. Sa che non può tornare dov'è nata perché non c'è più nemmeno una casa in cui tornare e perché comunque sarebbe un bersaglio troppo facile per le rappresaglie. Non ha potuto farsi vedere dopo la violenza subita, le visite sono troppo care e raramente i centri di salute hanno medicinali disponibili per alleviare il dolore, almeno quello fisico. L'abbiamo indirizzata a uno degli ospedali di MSF, dove può essere visitata e seguita a livello psicologico. Ma dove andrà una volta dimessa? Si costruirà una casa? Riprenderà a coltivare i campi? Forse sì, forse ci proverà di nuovo, almeno finché i prossimi ribelli non decideranno che quella casa, quei campi, quelle vite appartengono a loro.

Spostiamoci nel Sudovest del paese, da qualche anno considerato una "zona sicura". Il territorio è controllato dalle forze governative, l'industria del cotone ha ricominciato a funzionare, la popolazione ha smesso di nascondersi nella foresta e ha ripreso a insediarsi. Eppure i tassi di mortalità nella zona sono altissimi, più elevati che in certe aree di conflitto o colpite da epidemie o carestie. Perché è così facile morire? Prendiamo Moiza, un ipotetico bambino di tre anni che vive in quell'area con la sua famiglia. Si ammala. Febbre alta, tremori. Malaria. La prima causa di morte nel paese. Facilmente curabile, ma deve essere trattata il prima possibile, soprattutto nei più piccoli. La mamma di Moiza raccoglierà i pochi spiccioli che aveva messo da parte e lo porterà al centro di salute più vicino. Per farlo, abbandonerà gli altri cinque figli e camminerà per i venti chilometri che la separano dall'ambulatorio. Ma quando arriverà là, lo troverà chiuso. Le spiegheranno che è inutile tenerlo aperto, tanto non ci sono medicine. Così lei tornerà a casa, proverà a rivolgersi allo stregone del villaggio. Ma qualche infuso d'erbe non basterà a salvare Moiza.

La mamma di Moiza non saprà mai che a Bangui, da più di un anno, ci sono più di cinquecentomila trattamenti contro la malaria per bambini. Completamenti gratuiti perché forniti dal Fondo mondiale al ministero della Salute centrafricano. Ma bloccati in un deposito e ormai prossimi alla scadenza. Non ci sono camion per trasportarli, quei medicinali. E anche se ci fossero, non ci sono strade percorribili fino al villaggio. E anche nella fortunata ipotesi che arrivino a destinazione, probabilmente non ci sarebbe nessuno in grado di prescriverli o nemmeno una stanza chiusa a chiave in cui conservarli. MSF non lavora in quell'area, non ci sono particolari rischi sanitari o popolazioni in conflitto in questo momento. Ma abbiamo messo la nostra logistica – aerei, camion, moto – e le nostre competenze a disposizione del ministero della Salute per aiutarlo a distribuire quei trattamenti prima della scadenza. Perché, se è troppo tardi per Moiza, possano almeno servire ai suoi fratelli e sorelle.

Ho cercato a lungo di capire che cosa mi legasse e al tempo stesso mi allontanasse dalla RCA. Credo che sia un senso di malessere, di incompletezza piuttosto, come se il mondo fosse un gigantesco puzzle e in questi anni avessi avuto la prova che la maggior parte dei pezzi sono messi completamente sottosopra. Spero solo che, dopo queste poche righe, qualcuno in più si ricordi che esiste un paese chiamato Repubblica Centrafricana e che ha diritto ad avere una speranza.

Repubblica Democratica del Congo

Maria Cristina Cirella
anestesista

Finalmente a Niangara, la mia prima missione MSF.

In una calda giornata africana dopo un volo di qualche ora, ho raggiunto questo villaggio nel cuore dell'Africa.

Ad attendermi c'è già la Land Cruiser di MSF, che è sempre un bel vedere, attorno tante persone sorridenti.

I sorrisi sono la prima cosa che mi hanno colpito quando sono entrata nella famiglia di MSF: sono giorni che ormai mi domando perché a Torino incrocio solo musi lunghi e in Africa sono tutti sorridenti e cordiali eppure, in teoria, hanno preoccupazioni ben più grandi che nel mondo occidentale.

Dopo un breve tragitto durante il quale vedo solo capanne e alberi, raggiungo la base di MSF, casa mia per i prossimi due mesi e anche lì trovo persone sorridenti.

Mentre Massimo, il coordinatore del progetto, mi presenta a tutti e mi mostra la base, tante domande si accavallano nella mia mente: ce la farò? sarò all'altezza? mi annoierò? mi troverò bene?

Molte delle domande che mi assillano trovano già una risposta durante le mie prime ore congolesi: sono tutti troppo positivi e disponibili perché qualcosa vada male, in caso di difficoltà e problemi ho un gruppo alle spalle sempre pronto a darmi una mano.

Minuto dopo minuto mi rilasso sempre più e le preoccupazioni lasciano il posto a un forte senso di curiosità: voglio vedere il mio piccolo regno, il blocco operatorio.

Il mio primo impatto con la sala operatoria non è dei migliori, quanto ad attrezzature non ho a disposizione molto, mi domando cosa potrò fare: ci sono il saturimetro,* lo stetoscopio e l'apparecchio per misurare la pressione.

Poi, però, a pensarci bene ho già un sacco di cose a disposizione per essere in Africa, quindi devo solo rimboccarmi le maniche e lavorare, non ho tempo da perdere; in poco più di due mesi devo formare al meglio in anestesia tre infermieri e aggiornarne altri due.

Piano, piano o meglio *malembe malembe*, in lingala, conosco tutti i miei compagni d'avventura, ma soprattutto loro, gli anestesisti e quelli che lo diventeranno in futuro, mi accolgono con un entusiasmo inaspettato, sono impazienti e frenetici. Questo non fa che accrescere le mie motivazioni e mentre facciamo due chiacchiere mi scorrono nella testa miliardi di idee e proposte da fargli per ottenere il massimo risultato in un tempo limitato. Formare persone così motivate e motivanti ha reso il tutto più semplice e divertente.

Considerata la situazione dell'ospedale di Niangara, mi rendo ben presto conto, dall'esiguo numero di medici e dall'alto numero di pazienti, che dovrò fare anche altro, oltre all'anestesista rianimatore. Dovrò aiutare i miei colleghi e occuparmi dei pazienti, di tutti i servizi, un aspetto che mi eccita parecchio e mi stimola oltre modo; sono insegnante e studente al tempo stesso. Se penso a quante cose ho imparato, ora che sono qui a Torino seduta con l'intento di scrivere le emozioni che ho provato a Niangara, mi viene la pelle d'oca.

* Strumento che permette di misurare la percentuale di ossigeno nel sangue. [*N.d.R.*]

Arriva il mio momento, la mia prima urgenza dopo una giornata trascorsa più a conoscere e imparare che a lavorare: sono circa le venti e alla radio cercano l'anestesista, c'è un cesareo urgente.

Mentre cammino nel buio sono emozionatissima e anche un po' spaventata, ma mi basta entrare in sala operatoria e incrociare gli occhi sorridenti di tutti per rasserenarmi, infatti tutto fila liscio come l'olio.

È bello scoprire che anche nel cuore dell'Africa nel blocco operatorio si lavora, ma poi si ride, si scherza, si ascolta la musica. C'è solo una cosa che è diversa: il chirurgo non si lamenta mai, lavora a testa bassa e ha completa fiducia nello staff che lo circonda. Lavorare così rende non solo tutto più semplice, ma soprattutto più piacevole e stimolante.

Quando non disponi di molti presidi sanitari è solo un ottimo lavoro d'équipe che ti consente di ottenere grandi successi: in poco più di due mesi abbiamo operato circa duecento pazienti, compresi casi molto complessi dal punto di vista chirurgico e/o medico; tutti sono stati dimessi.

Se il mio lavoro come anestesista-formatore è stato semplice grazie alle persone che mi circondavano, quello come rianimatore mi ha messo di fronte a qualche difficoltà, dandomi, però, l'occasione di migliorarmi e di crescere sia dal punto di vista professionale sia, soprattutto, da quello umano.

In quanto rianimatore, mi sono trovata spesso di fronte a pazienti che non ce l'hanno fatta e che sono morti sotto le mie mani malgrado i tentativi di rianimazione. Qui la malaria, che è praticamente endemica, e l'Aids, con le sue complicazioni, uccidono senza pietà adulti e, in particolare, bambini.

Ogni rianimazione fallita diventa in cuor mio una piccola fiammella che si accende, che mi spinge a lavorare sempre di più e che mi fa venire un sacco di idee al fine di ridurre la mortalità di questo ospedale. Non vorrei essere fraintesa: nel corso della mia missione spesso mi sono sentita frustrata, ma ho sempre cercato di usare questa frustrazione come spinta; non ci si può abbattere ma bisogna reagire per tirar fuori qualcosa di buono anche dalle cose più terribili. Nei miei occhi ho ancora le immagini di tutte le persone che abbiamo perso, malgrado i nostri sforzi: ti si stringe il cuore e spesso scende anche qualche lacrima.

Non vorrei cadere nella retorica ma la convivenza con la morte è stato l'aspetto più difficile da accettare. Bisogna fare un grosso lavoro su se stessi per trovare una specie di equilibrio interiore: è normale abbattersi e anche piangere, ma bisogna riuscire subito a rialzarsi; qui c'è troppo da fare e bisogna impegnarsi al massimo. D'altra parte prima di essere medici siamo degli esseri umani, con tutte le debolezze e i limiti che questo comporta.

Repubblica Democratica del Congo

Tina Maffezzoni
ostetrica

A dicembre atterro dolcemente a bordo di un piccolo Cessna, carico fino al massimo consentito di farmaci e materiale, dopo aver perforato le nubi gonfie d'acqua: è la stagione delle piogge.

I miei occhi si tendono curiosi sulla pista di atterraggio: un dorso di collina adattata, un prato verdissimo, così ben descritto da Annalisa, una delle prime logiste del progetto. Penso a lei, alla sua fatica, alla sua gioia, al suo lavoro insieme allo staff e alla gente del villaggio, per trasformare una parte di boscaglia in una pista per velivoli; piccoli Cessna che consentono il rifornimento dei medicinali, del materiale, degli operatori, tutto ciò che può servire al progetto di Shamwana, ciò che può essere utile a questa gente, che mi accoglie festante, sorridente: Jambo.

Mi si apre il cuore.

Shamwana: un puntino nel sud della Repubblica Democratica del Congo, appena accennato sulle mappe di Google, lontano dal mondo, lontano da tutto, ma traboccante del calore, dei colori, della simpatia, dei sorrisi della sua gente che dal bordo della pista tenta di avvicinarsi per studiare la nuova arrivata sempre troppo bianca!

Come al solito, mi sorprende l'abituale sensazione che mi colpisce quando arrivo in un posto nuovo, in un paese nuovo: non mi sento straniera, riesco subito a entrare in sintonia con il luogo e con la gente, come se vivessi lì da tanto. È la mia quarta missione con MSF negli ultimi cinque anni, ma in precedenza, per decenni, ho vissuto e lavorato in vari paesi e progetti del mondo.

Con MSF, però, sento un calore diverso, un'empatia speciale.

Ecco la nostra base: i nostri bungalow, i servizi, gli uffici, i magazzini, le nostre Toyota con logo e bandiere. Di fronte, l'ospedale, un centro di salute del ministero della Salute locale che MSF ha trasformato in reparti ospedalieri: la medicina generale, la pediatria, la maternità, il centro nutrizione, l'area di isolamento; e ancora la sala operatoria con il centro di sterilizzazione, il laboratorio, la farmacia.

Tutto intorno capanne, tukul, tutti più o meno simili, qualche capra, qualche pollo e tanti bambini, donne, uomini con lo sguardo rivolto sempre verso di noi.

Nient'altro.

Nient'altro in termini di paesaggio, oltre le verdi colline d'Africa.

Molto altro in termini di accoglienza e calore.

Ora sono nel "mio" reparto maternità: incontro le mie colleghe ostetriche locali, il nostro staff di MSF, apro gli armadi, aspettandomi esattamente ciò che trovo: materiale e farmaci in ordine.

Mi fermo con le degenti, le donne che trascorrono in reparto i giorni successivi al parto con il loro neonato per ricevere cure e assistenza adeguate; mi siedo sul letto, controllo le cartelle cliniche, cerco di parlare insieme a loro con l'aiuto delle colleghe.

La maggior parte dei neonati è prematura: una delle patologie più gravi in questa zona è la malaria che falcia piccini e adulti. Molte donne in gravidanza sono colpite da questa malattia che provoca il parto prematuro. Il bambino nato pretermine, in ospedale, può ricevere cure idonee, latte terapeutico supplementare che possono garantire la possibilità di crescere e sopravvivere. Possibilità che sarebbe a lui negata se nascesse a casa, lontano, nel bush.

Dalle cartelle cliniche noto i progressi in termini di crescita e vitalità dei piccoli.

E un'altra volta mi si apre il cuore.

Dopo qualche giorno, parto con le cliniche mobili insieme al mio team.

Il mio compito non è soltanto la supervisione del reparto maternità ospedaliero, ma anche il controllo delle attività nell'ambito della salute riproduttiva nei quattro centri di salute periferici distanti alcune ore di macchina dalla nostra base.

Centri di salute sempre del ministero della Salute locale che MSF supporta con il rifornimento di farmaci e di personale, l'assistenza ai pazienti, gli interventi logistici e di potabilizzazione dell'acqua, la formazione professionale.

Arriviamo a Kishale dopo un tragitto di quattro ore di macchina, tragitto reso ancora più faticoso dalla stagione delle piogge che trasforma la pista in acquitrino rendendola a tratti quasi invisibile a causa della rigogliosa vegetazione del periodo umido.

Appena arrivata, sono investita da una donnona scurissima, abbigliata con colori sgargianti, sorriso fino alle orecchie, che mi stringe tra le braccia e mi stampa fragorosi baci sul viso.

È Marie, la matrona del centro, l'ostetrica tradizionale che si occupa della salute delle donne e dei loro bambini nel villaggio. Mi trascina nel reparto maternità, mi parla, mi spiega, mi mostra le degenti, i neonati, mi racconta dei parti, delle donne in perfetto swahili e un po' in francese. Chissà perché, ci capiamo perfettamente.

La sera stessa, proprio nel momento di coricarci, vengo chiamata in maternità per il caso di una donna in travaglio. Marie è già arrivata insieme al supervisore ostetrico locale di MSF. Il parto è difficoltoso, a rischio: abbiamo a disposizione farmaci e materiale, ma non l'ospedale per una eventuale emergenza. Ci consultiamo, procediamo con le pratiche ostetriche, nel silenzio e nel buio della notte di pioggia, illuminati solo da una piccola torcia. Siamo tesi, la partoriente è in difficoltà, il battito fetale è bradicardico. Finalmente, dopo varie ore il piccino nasce: sta bene, è vivo e vitale! Anche la mamma si riprende. Sorrisi, battute di spirito e abbracci nascono spontaneamente, in una emozionante empatia e complicità collettiva.

Mi si apre ancora il cuore.

La mattina successiva Marie arriva da casa (il suo tukul è praticamente una continuazione del centro di salute!) con una ciotola tra le mani: all'interno tre piccole uova bianche provenienti dalle sue poche e minute galline. Le ha bollite appositamente per me, nella ciotola ha messo anche un po' di sale per la degustazione. Le devo mangiare subito, dice, sono affaticata e ho bisogno di energie.

Mi si apre ancora il cuore, ma questa volta ho anche gli occhi umidi.

Qualcuno ha detto: "Non siamo supereroi, offriamo solo parte delle nostre energie e del nostro tempo a chi è meno fortunato, a chi è malato e ha bisogno, per dare qualche chance in più per sopravvivere".

Io dico: siamo fortunati, abbiamo la possibilità di realizzare i nostri ideali, di aiutare chi ha bisogno; siamo fortunati poiché abbiamo l'opportunità di crescere, di arricchirci dell'umanità che sgorga da queste persone. Al rientro da ogni missione ci si sente cambiati, trasformati, evoluti, sia professionalmente che umanamente.

Dove ciò che si riceve è veramente superiore a ciò che si dà.

Sierra Leone

Teresa Granata
responsabile dell'igiene e della potabilizzazione dell'acqua

Siamo a Bo, la seconda città della Sierra Leone, situata nella provincia del Sud. L'agglomerato urbano è denso, le strade sono piene di baracche e chioschi attraverso cui passa parte della vita commerciale della città. È la stagione secca. La polvere ricopre di una patina rossastra vegetazione e strutture. Le strade brulicano di gente che trasporta ogni tipo di merce, soprattutto sulla testa, avanzando con passo più o meno lento a seconda del peso. Macchine e minibus carichi all'estremo di persone e oggetti impegnano le strade, ma le motociclette a tre passeggeri sono le protagoniste del trasporto locale. La musica è un costante sottofondo delle attività quotidiane e i bambini, anche molto piccoli, ballano per strada lasciandosi trasportare dal ritmo. Non si immaginerebbe che questo paese sia stato tormentato da undici anni di guerra civile.

La povertà è visibile e le condizioni igieniche non sono una priorità: i canali di drenaggio che costeggiano le strade sono ostruiti da terra, buste di plastica, acqua stagnante, a volte carogne. Spostandosi dal centro di Bo, il cemento lascia posto a scheletri di legno vestiti di fango essiccato e si esce nella campagna. Canali e cespugli diventano bagni privati e mucchi di immondizia sono dati alle fiamme a cielo aperto. Il paesaggio è collinoso e ogni avvallamento ospita un'area paludosa, ricettacolo di zanzare. Questo paese è una zona endemica per la malaria e la lassa, una febbre emorragica molto contagiosa il cui vettore principale è un roditore locale.

"Senza acqua non c'è medicina" mi ricorda esprimendomi la sua stima il responsabile per le forniture della missione MSF. Siamo nell'ospedale del villaggio di Gondama a quindici chilometri da Bo, gestito interamente da MSF che offre anche il supporto, in termini di personale medico e servizio ambulanze, a cinque cliniche dello stato presenti in villaggi sparsi nella provincia.

L'intervento di MSF inizia in quest'area nel 2004 per supportare il campo rifugiati della guerra in Liberia, ma nello stesso anno comincia a offrire accesso gratuito alle cure anche alla popolazione locale. Ora si parla del Gondama Referral Center, più di duecento letti per bambini sotto i quindici anni e donne con complicazioni da parto. Il personale medico e non medico conta circa trecento persone.

Sono il manager dell'équipe Acqua e Igiene dell'ospedale. Con ventiquattro persone, ci occupiamo della manutenzione della rete idrica, della gestione dei servizi sanitari e dei rifiuti, della pulizia degli spazi esterni e delle strutture per servizi (cucina, farmacia, magazzini), della lavanderia e dell'obitorio. Ogni mattina mi ritrovo a dire buongiorno in quattro lingue diverse. Il gruppo etnico più rappresentato nel distretto di Bo è il mende, ma ci sono anche i temne, i fula e importanti comunità di libanesi e di liberiani. Il personale addetto alle pulizie non è qualificato: non tutti sono istruiti o parlano l'inglese; ma uno degli incaricati per la pulizia delle latrine è un ex rifugiato liberiano, professore di scienze! Il campo rifugiati è ora diventato un villaggio di circa settecento persone che dopo nove anni hanno difficoltà a integrarsi lavorativamente in Sierra Leone e sperano di poter tornare a casa, un giorno. L'ex professore è sopravvissuto alla guerra e all'epidemia di colera del 2003 e ora supervisiona pazienti e loro accompagnatori nel corretto uso dei servizi sanitari.

La responsabile della lavanderia è di etnia temne. È una donna robusta, affettuosa e molto attenta ai bisogni del suo piccolo team. Ha perso uno dei suoi bambini qualche mese fa, a causa della malaria. Dopo tre giorni era di nuovo al lavoro sorridente come prima, pronta a fare gli straordinari per sostituire un collega malato. Ogni giorno sentiamo nell'ospedale una mamma piangere straziata. Mi dicono che la vita e la morte dipendono dalla volontà di Dio e, per chi rimane, la consapevolezza che la vita sarà ben dura prende rapidamente il posto del dolore.

Gli igienisti dell'ospedale imparano che il loro lavoro può limitare queste tragedie. "Dobbiamo considerare il cloro come un soldato con cui combattiamo i nostri nemici, i virus" commenta il supervisore locale durante un corso sulle procedure di disinfezione per la febbre di lassa.

I corsi di aggiornamento sono tenuti dal personale locale in due lingue, krio e mende. C'è entusiasmo e voglia di imparare. Soprattutto, il lavoro dell'igienista non è più visto come marginale: "Ora i *cleaners* sono rispettati! Lo staff medico ci considera; pazienti e accompagnatori seguono le nostre indicazioni" ringrazia uno degli igienisti durante un incontro. Nel corso sulla gestione dei rifiuti mostriamo delle fotografie dell'ospedale com'è ora e com'era nel passato. Così vedono che il loro lavoro migliora la qualità dell'ospedale e al contempo offre loro anche un'opportunità di crescita professionale e personale.

Somalia

Ettore Mazzanti
infermiere

Eccoci!

Mentre sento il bisogno di una rigenerante doccia, faccio un piccolo riassunto della giornata appena trascorsa.

I ragazzi anche oggi stanno dando energia e vigore alle attività svolte per la comunità non censibile di globetrotter dei campi rifugiati.

Vincono ancora le malattie dell'apparato respiratorio, infezioni più o meno marcate, derivanti unicamente dalle condizioni di vita ordinaria di un campo rifugiati: quattro o cinque metri quadrati per sei/otto persone con un tetto di paglia e plastica, l'acqua meno pericolosa a più o meno trenta minuti di distanza, rifiuti sparsi a pioggia ovunque.

Seconda classificata: diarrea, per le ragioni di cui sopra.

Terza classificata: infezioni della cute legate alle ragioni di cui sopra.

Il tutto ben condito da sovraffollamento, alta contagiosità e pericolosità per i bambini sotto i cinque anni e le donne incinte altamente rappresentate. Umanità che ti spiazza perché nonostante tutto ha voglia ancora di sorridere, giocare e scherzare, ma come vi permettete?

O meglio, come mi permetto io di scandalizzarmi della loro voglia di vivere a prescindere...

E allora, che si danzi e si rida! Potenti catalizzatori di energia, danza e canto che nessun K47 o fucile riuscirà a bloccare, forse la vera arma di difesa per sopravvivere.

Ahimè, anche questo giro di ruota a Mogadiscio sta terminando. Breve, rapido ma intenso. Non ho forse fatto in tempo ad affezionarmi troppo all'insieme così differente da tutte le precedenti esperienze? Rimangono indelebili tatuaggi nella memoria che riemergeranno e saranno loro a decidere quando. La sensazione è che sia stato fatto poco rispetto all'enormità del bisogno, anche perché bacchette magiche a tutt'oggi non sono presenti nei nostri kit. Sarà forse il breve periodo in cui si è dovuto imbastire con maestria una rete di relazioni per far sì che la nostra presenza fosse accettata ed evitare di essere considerati un bersaglio, rete fondamentale appunto per la sicurezza e per le attività successive.

Mi si chiederà: "Come è andata? Cosa hai fatto?". Morbillo, malnutrizione, allestimento di un ospedale dal nulla con annessa farmacia e potenziale campo colera da aprire in ventiquattr'ore.

Visi, sorrisi, sagome, occhi più o meno gonfi, più o meno schietti a seconda dei momenti.

Cosa ho fatto? Credo che prima di tutto ho vissuto. Ho vissuto un capitolo ancora una volta diverso nonostante potessi immaginarne la trama. Ho respirato energie altalenanti e non sempre sono state di stupore o piacevolezza.

Ho vissuto ponendomi di nuovo le stesse domande ma con occhiali diversi, per una diversa lettura, per un diverso approccio. Ma ha un senso? Avrà un senso tutto quello che accade nelle pieghe nascoste di questo mondo malato? Avrà un senso che si voglia portare luce all'interno di queste zone buie? Portare moccoli di candela che dureranno fino a... e poi?

Non sono mica triste. Provo a combinare il tutto con il mio desiderio di poter stare ancora un po' qui per vedere come evolverà la situazione, se le curve si drizzeranno e le fatiche per le migliaia e migliaia di vagabondi forzati si potranno attenuare.

Forse è il desiderio di immaginare che a piccoli passi, con una determinazione sana, qualcosa si possa muovere nella giusta direzione.

Sudafrica

Giorgia Argentini
pediatra

Sono le sette di mattina e la sveglia sta per suonare, ma ecco che le voci delle infermiere che intonano le preghiere mattutine si fanno largo tra le tende della mia stanza e si infilano sotto le coperte.

Ma chi l'ha detto che in Africa fa sempre caldo?

A Mbongolwane, nel bel mezzo dello Zululand, d'inverno c'è più bora che a Trieste!

Mi vesto e bevo il mio caffè, ma ancora non ho aperto gli occhi né schiarito le idee. Potrei essermi svegliata ovunque, se non fosse per quelle voci che ancora echeggiano nella brezza mattutina e che mi guidano verso la mia prima mèta: il disastrato reparto donne dell'ospedale rurale dove per caso mi sono ritrovata dopo un anno nella caotica Luanda, in Angola.

Qui non si spreca nulla, ma c'è quasi tutto: acqua corrente, luce e materassi, più o meno singoli, per ogni paziente. Peccato, proprio ora stanno rinnovando alcuni reparti, e quello delle donne, come sempre le più sfigate in quasi tutte le storie, è dislocato in una costruzione fatiscente, in mezzo alla campagna, dove cani e ratti ogni tanto si fermano a dare un'occhiata.

Almeno non c'è la guerra!

C'è l'Aids, non c'è solo l'Aids ma anche la Tbc, sia quella non resistente che quella multiresistente ai farmaci, la fatidica MDR.

Morale: tutti tossiscono a Mbongolwane, tutti si conoscono, tutti sanno chi si è ammalato e chi no.

Ma ritorniamo alla mia mattina.

Subito dopo i canti angelici, quelle creature si trasformano in macchine da guerra, sia quelle che non lavorano mai, che quando le incontri nei reparti ti stordiscono con le loro frasi in zulu, ben consce del potere devastante che una lingua sconosciuta può avere su uno straniero, sia quelle che lavorano, che mandano avanti il reparto da sole potendo contare solo su tre medici governativi e due di MSF.

Procedo nella mia visita mattutina nell'ospedale più pazzo del mondo.

I reparti sono sempre tutti affollatissimi e le rotondità africane a volte ti impediscono l'agilità dei movimenti. Inizi, quindi, una tarantella di fianchi per arrivare al laboratorio o alla farmacia, posti provvidenzialmente in mezzo al pronto soccorso (dove ci sono i pazienti accampati dal giorno prima e quelli freschi di giornata), per chiedere se i farmaci ordinati sono disponibili o se i risultati degli esami del sangue o del genexpert* dei giorni precedenti sono finalmente pronti. E improvvisamente scopri che c'è stato il taglio di corrente che tutti si aspettano in un ospedale africano che si rispetti e quindi gli esami sono stati ritardati o sono da rifare.

Tiri un sospiro di sollievo: è tutto secondo copione, siamo in Africa!

Poi però incontri il collega che ti racconta, in parte tronfio in parte anche lui incredulo, che l'ultimo cesareo l'ha fatto alla luce del suo nuovo iPhone e allora capisci che ogni cosa può ancora stupirti!

* Macchinario che in tempo record (circa un'ora e quarantacinque minuti rispetto ai trenta/novanta giorni) permette di identificare il microbatterio della tubercolosi. [*N.d.R.*]

Sudafrica

Storie di vita quotidiana di un migrante raccolte da Andrea Incerti, medico

Mi chiedo come sarebbe stata la mia vita se non avessi lasciato il mio paese, se non avessi vissuto tutto quello che mi è capitato. Se fossi stato meno errante nella savana, forse non avrei visto tutta quella sofferenza. Forse non avrei visto tutta la discriminazione che molte persone sono costrette a vivere quotidianamente. Forse non avrei visto quanto conta poco una vita per alcuni e quanto l'indifferenza uccide più delle pistole.

Ho sentito tante storie su questo paese, la difficile convivenza tra bianchi e neri, le tante opportunità di lavoro; quello che non potevo immaginare è il razzismo anche tra i fratelli africani. Forse troppa rabbia, forse anni di sofferenze che non aiutano.

Ricordo ancora quella mattina, l'alba radiosa e avvolgente che illumina l'imponente spettacolo: la grande mamma Africa finalmente si manifesta in tutta la sua vastità e grandezza. Sono così eccitato, mi sembra quasi di nascere una seconda volta.

Ore e ore di un sole accecante su un'immensa e sterminata pianura, con centinaia di persone che camminavano per strada. Ricordo che viaggiavo con una bellissima donna avvolta nel suo vestito verde smeraldo e nero, che la rendeva più splendente di tutte le pietre preziose che avrei visto di lì a poco. Che bello sentirsi così vivo.

Mi hanno avvertito, l'unico problema può essere passare la frontiera tra Zimbabwe e Sudafrica perché ancora oggi è praticamente impossibile avere il visto.

Dopo interminabili ore di viaggio, finalmente arriviamo alla frontiera. La polizia vuole i soldi per i nostri documenti, ma non li abbiamo, non sappiamo dove andare. In quel momento si avvicina un uomo. Ci dice che conosce una strada sicura, bisogna solo attraversare un fiume, il Limpopo. Decidiamo di seguirlo, il fiume non è lontano, approfittiamo della notte per attraversare, così da essere lontani da occhi indiscreti. Ce l'abbiamo fatta, siamo in Sudafrica, bisogna solo continuare a camminare. L'uomo che ci guida ci dice di rimanere lì ad aspettare una macchina che ci porterà a Johannesburg. Purtroppo arrivano degli uomini armati. Ci cominciano a picchiare senza motivo, prendono le donne con loro e se proviamo a reagire abbiamo la peggio. Una mamma si rifiuta di dare il proprio bambino, glielo strappano dalle mani e lo buttano nel fiume per dare un esempio. Se anche dovesse farcela a nuotare, i coccodrilli faranno il resto. Ci tolgono tutto mentre continuano a picchiarci. Non importa, la vita è più importante. Nel buio, riconosco la donna in verde smeraldo, la pietra preziosa che le viene portata via. Mi guarda terrorizzata e istintivamente faccio per muovermi ma vengo colpito in faccia. Sanguino e resto a terra. Uno degli uomini schiacciandomi la testa nel fango mi dice: "Vattene, bastardo, altrimenti ti ammazzo". Mi rialzo e comincio a correre ancora dolorante, mentre dietro di me sento le urla delle donne che chiedono aiuto e le risate degli uomini aumentano. Hanno già cominciato a violentarle vicino ai cadaveri di chi si è ribellato. Non posso fare nulla, devo scappare o sono morto. Più tardi imparerò che quello che succede nella giungla non si racconta, si vuole solo dimenticare, come gli occhi di quella donna che chiedeva aiuto.

Questo è stato il mio benvenuto nel paese, dove sono ormai da tanto tempo e forse ancora per poco.

Ho lavorato ma sono ancora oggi un illegale, non mi vogliono a lavorare qui, forse perché sono di un altro paese. Ai datori di lavoro non interessa se sei illegale, l'importante è che costi poco e lavori duro. E così ho fatto.

Per qualche tempo ho guadagnato quanto bastava per godermi la vita e mandare qualche soldo a casa, visto che la mia famiglia ne ha più bisogno di me. Ho avuto anche un vero amico in miniera, Salimao, un mozambicano. Improvvisamente non l'ho più visto. Ha detto che sarebbe tornato a casa per un po', che era stanco e voleva vedere uno stregone per la tosse che non gli dava tregua. Non ho avuto più notizie, ma come regalo mi ha lasciato la tosse che da lì in poi non mi ha più abbandonato. Ricordo poi quel giorno dell'indipendenza, un giorno di allegria. Un amico mi chiama in disparte e mi dice che nel retro della baracca c'è una ragazza che mi vuole conoscere. Perché no, in fondo non ho una vita, ma solo il mio lavoro di schifo. Nel buio la vedo, emana passione e sesso da tutti i pori. Non mi chiede niente, non mi preoccupo di niente. Sono al settimo cielo, finalmente un po' di vera vita. In Africa è tutto così naturale.

Appena finito, mi chiede di andarmene. Lei ha da fare, ci sono altri clienti. Da quel giorno, rivedrò spesso quella donna per avere del calore umano, come fanno tutti.

Dopo un po' di tempo, inizio a essere ogni giorno più stanco e a sentirmi sempre più solo. Comincio a preoccuparmi perché la tosse aumenta, perdo peso e non ce la faccio più a fare il minatore. Il padrone mi avverte e, alla fine, mi licenzia. Di notte non dormo e il cibo comincia a scarseggiare, visto che sono senza lavoro. Nessuno mi aiuta. Della mia famiglia non ho più notizie da tempo, ho scritto una volta, un'altra ci ho parlato con il telefono che poi mi hanno rubato.

Alcune persone mi hanno detto che c'è un posto vicino al confine dove posso vedere un medico di un'organizzazione. Ricordo come fosse ieri il mio arrivo a Musina.

Oh signore, quanta gente.

Per fortuna, dalla folla esce un'infermiera. Mi porta in una stanza dove c'è un medico bianco insieme ad altri fratelli africani. Parla con uno strano accento, mi dice che viene dall'Italia, so solo che è un paese lontano, ma che ci fa qui? Non mi sembra cattivo, veste una maglietta bianca con un piccolo omino rosso e una grande scritta dietro (se sapessi leggere!).

Non sembra proprio un medico. Un medico qui mica perde tutto questo tempo con uno che non conosce. Ahi! Dannazione, neanche faccio in tempo a rimettermi la maglietta che mi punge il dito e prende un po' di sangue, mi dice di aspettare. Poco dopo, mi conferma che ho l'Hiv. L'ho sentito nel mio villaggio e nelle miniere della malattia portata dai bianchi. Mi hanno detto che se mi faccio la doccia e mangio aglio non mi può accadere niente. Invece ha colpito anche me.

Lo so che uccide, ma io non voglio morire. L'infermiera mi spiega che i soldati del mio corpo sono pochi e che stanno perdendo la battaglia e forse la guerra, mi dice che se prendo le medicine i soldati aumenteranno e starò meglio. Mi spiega che prima di prendere delle pasticche per curarmi dalla malattia, devo cominciare un altro trattamento, contro quello per cui continuo a tossire ormai da mesi. Mi dice che come tanti minatori ho preso la tubercolosi che uccide in fretta ancora più della "Malattia".

Mi dà tanti sacchetti, con la luna e con il sole per ricordarmi una pasticca al mattino una alla sera, mi dà anche degli strani pacchetti zuccherati che sanno di burro di noccioline e mi dice di tornare dopo due settimane. Comincio anche altre pillole di colori strani. Per tre mesi tornerò spesso a vedere il medico bianco, l'unico, insieme all'infermiera, a cui sembra interessare qualcosa di me.

Dopo quell'incontro, la tosse è sparita e comincio a sentirmi più forte, ricomincio a mangiare quel poco che trovo anche perché a volte è difficile prendere tante medicine senza aver mangiato. Incontro alcuni del mio paese, non dico niente della malattia per non farmi allontanare ancora, ma mi spiegano che se dormo davanti a un ufficio alla fine potrei riuscire a ottenere il pezzo di carta che aspetto da anni ormai, per lavorare finalmente da regolare. Ci sono così tante persone davanti a quell'ufficio che è difficile trovare un posto per dormire.

Nella notte arriva, invece, la polizia, ci picchia e ci caccia senza ragione. Non ce l'ho fatta a scappare, non sono più agile come una volta. Ci portano in prigione. Siamo irregolari.

Sono ancora rinchiuso in questa fetida prigione. Ho detto che sono malato e devo prendere le mie medicine ma non gli importa, non mi faranno uscire. Anche gli altri mi evitano perché sanno che sono malato. Nessuno sa cosa sarà di noi, se proviamo a parlare ci picchiano. Non c'è da mangiare e quella poca acqua non basta. Sto peggiorando.

Credo che i soldati dentro di me stiano deponendo lentamente le armi. La speranza di una vita migliore si sta spegnendo insieme a loro.

Sud Sudan

Massimo Galeotti
coordinatore di terreno

Finalmente è domenica e ci godiamo la mezza giornata di riposo. Mezza, perché questa mattina, dalle sette fino alle quattordici, abbiamo vaccinato millecentoventisette bambini, ma procediamo con ordine.

Una settimana frenetica iniziata con la pianificazione della campagna per la vaccinazione del morbillo, la formazione dello staff e finalmente il via alle vaccinazioni iniziate mercoledì.

Il primo giorno abbiamo vaccinato millequattrocentro bambini, il secondo milleduecentoquaranta e il terzo millecentoventisette (questa mattina).

Abbiamo ancora tre giornate prima di raggiungere l'obiettivo prefissato: cinquemila bambini.

E sono sicuro che ce la faremo.

Il nostro ospedale riceve il cibo per i pazienti dal Programma alimentare mondiale (PAM), un'agenzia delle Nazioni Unite. Ci hanno informato che per quest'anno non prevedono di poterci aiutare, visto che le scorte di cibo a livello mondiale sono state dimezzate dalla grave carestia che ha colpito la Somalia nel 2011. A proposito di mangiare, per noi la quaresima è già iniziata. Ci riforniscono dal Kenya con verdure, frutta e cibo in scatola ogni dieci giorni. Siamo così tanti nel team che non è possibile trasportare cibo che possa durare dieci giorni, anche perché l'aereo deve trasportare medicinali e altro materiale per il progetto. Venerdì 17 era il giorno previsto per il rifornimento di cibo. E così è stato, ma era da lunedì che mangiavamo spaghetti (e non vi dico come li cuociono) in bianco e un pezzo di pecora (alla sera), mentre il giorno polenta bianca. Ma in tutta sincerità a volte non sentiamo la fame, con tutto questo caldo non si fa altro che bere, la pancia si gonfia di acqua e non ti fa sentire troppo la fame. Poi venerdì è arrivato l'aereo, con yogurt, cetrioli, pomodori, cavoli, carote, patate e melanzane, quindi è da venerdì che mangiamo come lupi.

Parliamo un po' di lavoro: venerdì sera abbiamo ricevuto per radio un messaggio dai nostri colleghi di Lankien (un'altra località poco fortunata del Sud Sudan) con cui ci informavano che il giorno dopo ci avrebbero inviato con l'aereo due ragazzi che sfortunatamente erano saltati su una mina.

Mentre discutevo il caso con il team, mi è tornata in mente la missione in Angola e la prima e unica operazione con amputazione della mia vita. E un brivido mi ha fatto sobbalzare sulla sedia.

Il nostro ospedale è uno dei pochi del Sud Sudan (credo che in tutto il paese ci siano solo sei sale operatorie) che ha un chirurgo ventiquattr'ore su ventiquattro.

Come da copione, un medico aveva un appuntamento con dei pazienti che venivano da fuori, il secondo faceva il turno di notte, l'infermiere della nutrizione aveva già fatto il turno di notte. Per farla breve è toccato a me e ad Abdul (l'infermiere afghano) aiutare Martine nell'operazione, oltre allo staff locale.

I due ragazzi sono arrivati verso le tredici, il primo era in sala operatoria già alle tredici e trenta. Prima di tutto abbiamo tolto le bende che coprivano quello che rimaneva del piede. L'incidente era avvenuto il 14 febbraio e la ferita era già infetta.

Non entro nei dettagli, ma la parte più difficile per

me è stato tenere la gamba mentre Martine la tagliava con la sega.

Per farvi stare meglio sappiate che il tutto è avvenuto con il paziente sotto anestesia.

Ieri sera, mentre con Abdul e Tais cucinavamo, Abdul mi ha chiesto se il pollo lo potevo fare io perché lui preferiva cucinare le verdure. Ho accettato e sono andato a prendere dal tegame il pollo già tagliato a pezzi, poi mentre lo lavavo sotto l'acqua ho notato che Abdul mi guardava da lontano. Mi sono girato, mentre in mano tenevo un pezzo appena lavato: è stato un istante, ci siamo guardati e senza dire una parola abbiamo iniziato a ridere come matti, fino a che non ci sono scese le lacrime dagli occhi. Quel pezzo di pollo sanguinante ricordava sicuramente a entrambi qualcosa. E la tensione, la frustrazione e lo stress accumulati durante l'operazione avevano trovato la loro valvola di sfogo in quelle lacrime.

Buona notte a tutti.

Sud Sudan

Marco Simonelli
coordinatore medico

Come si misurano le distanze? In chilometri, ore di volo, numero di aerei presi, coincidenze perse, numero di fusi orari, quantità di cose che mancano. Oppure è ascoltando dentro di noi e cogliendo l'umore che cambia che riusciamo a sapere quanto lontani siamo andati?

È il tentativo di dare una risposta seppur incompiuta a questa domanda che mi fa provare a raccontare quattro mesi passati in Sudan, cercando di condividere quel tumulto di situazioni che mi faranno dire: "Sì, ero lontano".

Il 2 gennaio è uno strano giorno per partire. Lo spirito è ancora ai giorni passati, ai biscotti, ai tronchetti natalizi, al profumo delle arance e alla ricerca di quella bontà d'animo propria di questo periodo.

In realtà la partenza avviene sempre prima del giorno in cui si va all'aeroporto e si cerca in quei pochi minuti che precedono il check-in di rappacificarsi con il mondo e con la propria compagna. Cerca il tuo sguardo mentre già prendi il biglietto aereo e il passaporto; provi a non pensare a niente e quasi ritrovi rassicurazione nella gestualità di routine dei controllori, che stupidamente iniziano a chiederti cos'hai nel bagaglio a mano.

La partenza dicevo, in un certo modo inizia il giorno che ti propongono la missione in un certo paese con un determinato incarico. Nel mio caso è avvenuto al telefono, come d'altronde le altre volte. Sudan, coordinatore medico; basterebbe in realtà una sola delle due parole per mettermi in agitazione. Sudan abbiamo detto, Sud Sudan, per l'esattezza e per fortuna. Il Nord lo conosciamo bene, in questo periodo lo associamo immediatamente al Darfur, con le milizie arabe *janjaweed*, ai rifugiati che si riversano in Ciad, a George Clooney e ad Al Bashir.

Le informazioni che si possono ricevere sorvolando un certo paese da un piccolo aereo sono importanti. Il clima, la morfologia del territorio, la conformazione dei villaggi, la presenza di collegamenti stradali, possono fornire una prima valutazione sanitaria dei luoghi che si andranno a visitare. Come in un documentario, mi pare già di sentire il commentatore parlare della guerra ventennale che, conclusasi due anni or sono, ha lasciato il Sud del Sudan con quelle ferite nell'organizzazione sociale che si traducono in allarmanti numeri di mortalità infantile, durata della vita, mancanza di accesso alle strutture sanitarie.

Prima di atterrare nel nuovo aeroporto internazionale di Juba, capitale del Sud Sudan, il mio ultimo sguardo va al fiume Nilo. Rifletto al pensiero di come la natura possa essere sfrontata e di come uno dei più imponenti fiumi si faccia strada tra le più aride e desertiche zone del mondo.

Appena arrivo in ufficio, mi accorgo immediatamente della situazione caotica. Una campagna di vaccinazioni per migliaia di persone in un territorio vasto presuppone una grande capacità logistica. I vaccini, se disponibili nel paese, vengono trasportati in aereo nella zona di vaccinazione. Va organizzata una complessa catena del freddo che permetterà al vaccino di raggiungere le zone rurali ancora attivo e integro. Devono essere ordinati i farmaci per il trattamento della meningite, attività parallela alla vaccinazione. Si assumono decine di operatori che si sposteranno nei vari villaggi, vaccinatori, preparatori, capigruppo, autisti.

Focolai epidemici sono ormai presenti in gran parte del paese. Seguo con attenzione i dati settimanali che arrivano dall'ospedale di Marial Lou. Anche a Juba i casi si moltiplicano; se i dati che riceviamo sono attendibili, siamo nella fase ascendente di quella curva gaussiana che scandirà il tempo e obbligherà ognuno a prendere rapide decisioni.

La campagna a Kajo Keji sta andando bene, in circa dieci giorni l'équipe presente sul posto riesce a concludere un intervento di cinquantaseimila vaccinazioni e a curare con successo più di tremila persone. La meningite, se non trattata, ha una mortalità dal cinquanta all'ottanta per cento e, in caso di sopravvivenza, è possibile che vi siano danni cerebrali e cognitivi. Una sola iniezione di antibiotico, il ceftriaxone o il cloramfenicolo, se somministrata in tempo, tratta definitivamente e quasi sempre con successo la malattia.

Come ogni sera, lascio l'ufficio dirigendomi verso l'abitazione. Sono quindici minuti a piedi. Il pulviscolo che si alza dalle strade forma una cappa fastidiosissima. In meno di un mese ho avuto già due congiuntiviti. Provo a lavarmi frequentemente gli occhi con una soluzione fisiologica cercando di evitare che le particelle di sporco raggiungano la cornea creando una reazione irritante e dolorosa. Guardo le strade, la gente.

Tutto sembra normale, mi immagino il batterio della meningite che si sposta col vento. I bambini che si vedono qui intorno sembrano sani. La mattina sono andato all'ospedale dove la Croce Rossa Internazionale gestisce il reparto di pediatria, ma neppure loro riescono a sapere se il numero dei casi registrati nel reparto dia un'indicazione appropriata della situazione generale, oppure se c'è qualcuno tra la popolazione che non può o non vuole andare in ospedale. Cammino, non so ancora che questo pensiero, l'intuizione che l'accesso agli ospedali possa essere difficoltoso per la popolazione, cambierà il piano di lavoro e la missione che sto conducendo. Polvere, tantissima polvere. Se venisse la pioggia le strade si inzupperebbero rendendo l'aria più respirabile e soprattutto, basterebbe questo a ridurre la diffusione della meningite. Ma siamo ai primi di febbraio e anche se ognuno dà una versione diversa della durata della stagione secca, tutti sono sicuri che ci vorranno almeno due mesi prima di sentire scrosciare la pioggia.

Il giorno dopo ci chiamano via radio e chiedono di parlare urgentemente con il mio assistente, Peter. Anche lui è stanco, dopo il suo prezioso contributo a Kajo Keji non si sta risparmiando nell'individuare i posti migliori dove mandare le équipe a vaccinare.

Gli comunicano che suo figlio è purtroppo deceduto a causa della meningite che dilaga a Juba e che sua moglie lo sta urgentemente aspettando a casa. Quando mi comunicano la notizia, mi investe un profondo senso di fallimento. In una beffarda equazione di ingiustizia, Peter, che saltava da un posto all'altro per limitare i disastri della malattia, non era però presente con la sua famiglia al momento in cui suo figlio si stava ammalando. Mi sento in colpa, cosa sta succedendo a Juba? Il bambino non era stato vaccinato assieme a suo padre e a tutti i dipendenti di MSF come prevede la normativa sulla salute per chi lavora con l'organizzazione?

Torniamo a Juba. Sull'aereo stiamo tutti in silenzio; maledico la meningite e il fatto che proprio quest'anno c'è stato il numero di casi più alto degli ultimi otto anni.

Un nostro autista accompagna Peter a casa mentre io vado in ufficio passando per la città. Una volta arrivato, saluto i colleghi, mi preparo un caffè solubile e accendo il computer per leggere le ultime mail.

"Pronto." Ricevo una telefonata. Qualcuno mi sta

chiamando ma all'inizio non riesco a capire chi è. È Peter, mi sta dicendo che suo figlio non è morto e che c'è stato un terribile equivoco e che ora lui è in ospedale dove il bambino è ricoverato. Prendo il fuoristrada, vado in ospedale e all'ingresso del reparto di pediatria mi viene incontro Peter che, scusandosi, mi dice che qualcuno deve averlo informato male e che il bambino sembra non avere grossi problemi. Vado a vederlo, parlo con il pediatra che mi dice che è fuori pericolo.

Esco dall'ospedale, non saprò mai chi è stato così incosciente da diffondere la notizia della morte del bambino pur di avere Peter vicino, ma quando sono sul fuoristrada e apro il finestrino, sono felice e neppure mi accorgo della polvere che entra.

Ucraina

Chiara Montaldo
infettivologa

L'Ucraina è sotto i riflettori. A Donetsk sfilano lucide auto straniere, macchine e vestiti di lusso. Curiosamente per le strade sento parlare lingue diverse dall'ucraino e dal russo. Questa città, finora conosciuta da pochi, appare improvvisamente sugli schermi televisivi di tutto il mondo mostrando il suo vestito elegante. Mi immedesimo in uno dei tanti stranieri venuti qui per gli Europei di calcio 2012. Se per caso ha saputo della presenza di MSF qui, sicuramente si chiederà cosa ci facciamo. Perché siamo qui? Provo a rispondere anche se non è facile. Potremmo giustificare la nostra presenza con i numeri: l'Ucraina è uno degli stati europei con la più alta incidenza di Hiv e di tubercolosi multiresistente. Le curve epidemiologiche sono impressionanti. In particolare se si parla di sistema penitenziario dove la trasmissione di malattie contagiose, come la tubercolosi, raggiunge livelli altissimi. Ma non sono stati solo i numeri ad averci portato qui. Dove siamo noi non ci sono riflettori. Anzi, è piuttosto buio all'interno dei cunicoli dei SIZO, le strutture di detenzione preventiva dove sono segregate migliaia di persone in attesa di giudizio. Qui si contagiano, si aggravano, a volte muoiono. Qualcuno viene rilasciato, qualcuno condannato e inviato nelle prigioni vere e proprie, le cosiddette "colonie". La catena del contagio si allunga. Nessuno ne parla e i problemi sembrano non esistere.

Noi lavoriamo in tre SIZO e in una colonia, la famosa colonia 3, dove finiscono tutti i condannati sospettati di infezione tubercolare. È un posto in mezzo al nulla, circondato da una pianura infinita, la cui monotonia è spezzata solo da inquietanti tubi gialli che trasportano gas nella vicina Russia, e dai *terrikones*, le colline di carbone che circondano Donetsk, città di minatori.

La prima volta che sono entrata in uno dei SIZO ho ringraziato di avere la mascherina per la Tbc, perché attutisce un po' la puzza insopportabile. Le celle ospitano un minimo di quattro persone, in un angolo un lavandino e un gabinetto alla turca, nessuno spazio vitale, nessuno strumento per pulire e per pulirsi. Qualche mese fa la temperatura interna era di un grado. L'acqua calda è fornita solo un giorno alla settimana. E poi, come in tutte le carceri, vige il crudele sistema delle caste. Qui sono tre: la più bassa, quella dei reati più gravi e disprezzati come omicidio di parenti, stupro, pedofilia; quella di mezzo, che include reati minori, furti, detenzione di droghe; infine la casta più alta con la sua legge della giungla, gravata dal malessere generale e da un periodo di detenzione di almeno tre anni.

Ho impressa nella mente un'immagine, una foto che avrei voluto scattare se macchine fotografiche o cellulari potessero entrare nei SIZO. C'è un gatto in mezzo al corridoio buio che divide le due file di celle. La luce filtra da qualche fessura e lo illumina. Quattro o cinque teste spuntano dalle finestrelle delle celle. Otto o dieci occhi ci guardano. E io sono grata a Maria Teresa, la mia collega. Perché sento che sta provando esattamente quello che provo io. E mi rendo conto che questa condivisione alleggerisce il peso del dramma di cui siamo testimoni oggi. Lo guardiamo dall'esterno, ma forse oggi ci siamo un po' più dentro di prima. Perché siamo entrate in quelle celle. Un "entrare" che è un penetrare emotivo, dove non c'è spazio per il passato dei loro crimini. È il presente che occupa tutto lo spazio della tua mente. Il presente della loro malattia e della loro situazione disumana. Nessuno merita questo. Esco e respiro più profondamente che posso.

La cosa più faticosa però è la sensazione di avere le mani legate. Da un anno stiamo cercando di iniziare a trattare questi pazienti. Ma gli ostacoli che abbiamo incontrato sono stati incredibili. Una burocrazia scriteriata, un sistema il cui unico obiettivo è quello di autoalimentarsi in un moltiplicarsi di procedure, richieste, licenze, timbri, permessi... Un sistema figlio di un passato sovietico ancora troppo recente e di un presente aggressivo e spietato.

Vado a correre nei giardini che circondano lo stadio. Oggi non ci sono partite ed è tutto tranquillo. I fiori formano bellissimi disegni. L'irrigazione del prato è perfetta e non risparmia un centimetro di erba.

L'Eurocup è iniziata ormai da una settimana. Organizzazione eccellente. Proprio la stessa settimana, in tutto il sistema penitenziario ucraino si sono esaurite le scorte di diversi farmaci antitubercolari salvavita, con la conseguente interruzione di centinaia di trattamenti. Questo sembra dovuto a un "buco" nel budget e si prolungherà per almeno sei mesi. Pazienti senza terapia, aumento della mortalità, diffusione dell'infezione e amplificazione delle resistenze ai farmaci.

Torno a casa attraverso le vie principali, Gucci, Armani, Ermenegildo Zegna, Apple Store, Ferrari. Il mondo sotto i riflettori. Ma c'è un'altra Ucraina. Al buio.

Yemen

Roberto Schettino
chirurgo

Ancora una notte agitata e insonne.

Al mio arrivo in ospedale alcuni pazienti mi attendono; ormai si è creato un buon rapporto con la popolazione e il mio nome circola tra le immense distese di sabbia e tra le baracche. Ogni mattino, anche se non parlo arabo, a decine questi esseri umani con bambini in braccio o per mano mi tendono un pezzo di carta ove riesco, a volte, a leggere un sintomo o una diagnosi. Questi disperati mi mostrano il punto dove hanno male e io poi cerco di capire da cosa sono affetti, con l'aiuto dell'interprete.

Mentre sono circondato e tento di rispondere ai vari bisogni, l'ostetrica di turno mi fa chiamare per un'emergenza in maternità.

Qui la donna, finché rimane in famiglia, è sottoposta all'autorità del padre e dopo, quando si sposa, passa sotto quella del marito. Fatta questa premessa ora forse riesco a raccontare l'assurda morte di un bambino che nasce mentre muore. Corro subito in maternità e, constatata la sofferenza fetale di una donna, cerco di far capire la necessità di un cesareo urgente. Purtroppo manca l'uomo, e la donna non può firmare il consenso anestesiologico e chirurgico. La mia rabbia sale alle stelle ma tento comunque – mentre cercano l'uomo – di velocizzare i tempi e trasporto sul lettino mobile la donna per trasferirla al blocco operatorio. L'uomo non si trova, i minuti passano e il bimbo tenta di venire alla luce, ma la sofferenza fetale aumenta e senza consenso io e l'anestesista non possiamo intervenire. Le mie preghiere sono inutili, il bambino tenta di venire alla luce e ci riesce, lo afferro ma mi muore tra le mani. Sento il suo battito che poi si ferma. È un'esperienza che non auguro a nessuno di provare: sentire nelle proprie mani la vita che inizia e che finisce.

Glossario degli acronimi

AIDS, vedi Hiv.
CARA, Centri di accoglienza per richiedenti asilo.
CTC, Centro per il trattamento del colera.
HIV, il virus dell'immunodeficienza umana si trasmette tramite contatto con sangue o fluidi corporei e indebolisce gradualmente il sistema immunitario, in un tempo variabilmente lungo (anni), causando la sindrome da immunodeficienza acquisita (AIDS).
MDR, tubercolosi multiresistente ai farmaci.
MUAC, circonferenza brachiale, dall'inglese (Middle Upper Arm Circumference). Con questo termine s'intende anche il braccialetto che viene impiegato per misurare la circonferenza brachiale. Un braccialetto facile da usare: viene posizionato sul braccio sinistro – a metà tra spalla e gomito – e permette di valutare immediatamente il livello di malnutrizione di un bambino.
MSF, Medici Senza Frontiere.
ONG, Organizzazione non governativa.
ONLUS, Organizzazione non lucrativa di utilità sociale.
PAM, Programma alimentare mondiale.
UNHCR, Alto commissariato per i Rifugiati delle Nazioni Unite.

Indirizzo:
Medici Senza Frontiere Onlus
Via Volturno, 58 – 00185 Roma – tel. 06.888.06.000 – fax 06.888.06.020
www.medicisenzafrontiere.it – e-mail: msf@msf.it
C.F.: 970 961 205 85

Per sostenere le nostre attività:

- Versamento in C/C postale
  87486007 intestato a Medici Senza Frontiere Onlus – Via Volturno, 58 – 00185 Roma
- Bonifico Bancario su:
  Banca Popolare Etica
  IBAN: IT58 D 05018 03200 000000115000
- Donazione tramite Carta di Credito:
  telefonando al numero verde 800 996 655
  oppure al n. 06.888.06.472
- Donazione online:
  collegandosi al sito www.medicisenzafrontiere.it

Ogni donazione a favore di Medici Senza Frontiere è deducibile/detraibile dalla dichiarazione dei redditi.

Indice